प्रिय, चुना हुआ और संपूर्ण:

अस्वीकृति से पुनर्स्थापना तक की 30-दिवसीय यात्रा

द्वारा

ज़कारियास गॉडसीगल ;

राजदूत मंडे ओ. ओगबे ;

आराम लाडी ओगबे

-

Zacharias Godseagle;

Ambassador Monday O. Ogbe;

Comfort Ladi Ogbe

कॉपीराइट पेज

प्यार, चुना हुआ और संपूर्ण: अस्वीकृति से पुनर्स्थापना तक 30 दिन की यात्रा

कवर डिज़ाइन गॉड्स ईगल टीम द्वारा
संयुक्त राज्य अमेरिका
में मुद्रित प्रथम संस्करण, 2025

जकारिया गॉडसीगल और द्‌वारा प्रकाशित

गॉड्स ईगल मिनिस्ट्रीज़ - GEMs
https://www.otakada.org

अनुमति, पूछताछ या समूह लाइसेंसिंग के लिए कृपया संपर्क करें: ambassador@otakada.org

किताब के बारे में

क्या आप अवांछित, उपेक्षित या कभी भी अपने आपको योग्य नहीं मानने से थक चुके हैं?
प्रेम, चुना हुआ और संपूर्ण: अस्वीकृति से पुनर्स्थापना तक की 30 दिवसीय यात्रा एक भक्ति-कथा से कहीं अधिक है - यह आपके सच्चे मूल्य को पुनः खोजने, अपनी पहचान को पुनः प्राप्त करने और ईश्वर द्वारा आपको जिस रूप में बनाया गया है, उसकी पूर्णता में उठने के लिए एक जीवनदायी निमंत्रण है।

पुरुष और महिला दोनों के दृष्टिकोण से लिखी गई और माइकल और ग्रेस की शक्तिशाली, भावनात्मक कहानियों से जुड़ी यह परिवर्तनकारी यात्रा शास्त्र, हार्दिक चिंतन, रणनीतिक प्रार्थनाओं और निर्देशित जर्नलिंग के माध्यम से दैनिक उपचार प्रदान करती है। चाहे आप बचपन, रिश्तों, मंत्रालय या नेतृत्व से जुड़े घावों से जूझ रहे हों, यह पुस्तक आपको अस्वीकृति की राख से निकालकर पुनर्स्थापना की सुंदरता में ले जाएगी।

आप सीखेंगे कि कैसे:

- *अयोग्यता और आत्म-संदेह के झूठ से मुक्त हो जाओ*
- *अतीत के विश्वासघात और भावनात्मक घावों की गूंज को शांत करें*
- *अपनी ईश्वर प्रदत्त पहचान को प्रेम, चुने हुए और संपूर्ण के रूप में अपनाएँ*
- *गहराई से क्षमा करें और शांति से चलें*

- *उद्देश्य खोजें और अपनी कहानी का उपयोग दूसरों को ठीक करने के लिए करें*

हर दिन आपको पिता के हृदय के करीब ले जाएगा, आपके मन को नया करेगा और आपकी आत्मा को पुनः स्वस्थ करेगा। यह आपका समय है। यह आपकी चिकित्सा है। यह आपकी **पूर्णता की ओर वापसी की यात्रा है। जकर्याह, एम्बे ओगबे और कम्फर्ट लाडी की** ओर से प्यार के साथ

कीवर्ड : अस्वीकृति से पुनर्स्थापना तक 30-दिवसीय यात्रा -

- *अस्वीकृति से उपचार भक्ति*
- *उपचार के लिए ईसाई भक्ति*
- *विश्वास के साथ अस्वीकृति पर विजय पाना*
- *भावनात्मक उपचार के लिए 30-दिवसीय भक्ति*
- *टूटे दिलों के लिए भक्ति*
- *मसीह भक्ति में पहचान पाना*
- *अस्वीकृति के बाद पुनःस्थापना बाइबल अध्ययन*
- *परमेश्वर का प्रेम और उपचार भक्ति*
- *आत्म-सम्मान के लिए ईसाई भक्ति*
- *अस्वीकृति को ठीक करने के लिए प्रार्थना मार्गदर्शिका*
- *भावनात्मक उपचार बाइबिल भक्ति*
- *आध्यात्मिक पुनर्स्थापना के लिए भक्ति*
- *परित्याग भक्ति से उपचार*

- *टूटेपन और उपचार के लिए भक्ति*
- *भक्ति की पुनर्स्थापना की यात्रा*
- *ईश्वर की स्वीकृति पर भक्ति*
- *आस्था आधारित उपचार भक्ति*
- *प्रेरणादायक ईसाई भक्ति पुस्तक*
- *अस्वीकृति और दर्द पर काबू पाने के लिए भक्ति*
- *उपचार के लिए प्रार्थना मार्गदर्शिका के साथ भक्ति*

समर्पण

हर उस व्यक्ति के लिए जिसने कभी स्वयं को अयोग्य, अप्रिय, अनदेखा या अवांछित महसूस किया है - यह पुस्तक आपके लिए है।

वह बच्चा जिसे त्याग दिया गया, वह नेता जिसे धोखा दिया गया, वह जीवनसाथी जिसे अस्वीकार कर दिया गया, वह मित्र जिसे नजरअंदाज किया गया - यह यात्रा आपके लिए उपचार है।

हर उस पुरुष और महिला के लिए जो चुपचाप रोया है, अपने मूल्य पर संदेह किया है, और अपने स्थान पर सवाल उठाया है, आप अकेले नहीं हैं।

और जो देखता है, चंगा करता है, पुनर्स्थापित करता है, और कभी अस्वीकार नहीं करता - यीशु मसीह, हमारा उद्धारक - सारी महिमा और सम्मान आपका है।

स्वीकृतियाँ

सबसे पहले और सबसे महत्वपूर्ण बात यह है कि हम सारी महिमा **सर्वशक्तिमान परमेश्वर को देते हैं** , जो टूटे हुए दिलों को चंगा करता है, भाग्य को पुनःस्थापित करता है, और जो अपने पास आने वालों को कभी अस्वीकार नहीं करता।

पवित्र आत्मा , हमारे सांत्वनादाता, परामर्शदाता और निरंतर साथी - इन पृष्ठों में जीवन फूंकने और हर शब्द को उद्देश्यपूर्ण मार्गदर्शन देने के लिए धन्यवाद।

उन **पुरुषों और महिलाओं को जिनकी कहानियों ने इस भक्ति को प्रेरित किया** , चाहे प्रत्यक्ष रूप से या अप्रत्यक्ष रूप से - आपकी संवेदनशीलता और साहस के लिए धन्यवाद। आपकी यात्राएँ हमें याद दिलाती हैं कि ईश्वर के हाथों में कोई भी दर्द व्यर्थ नहीं जाता।

मध्यस्थों **, मार्गदर्शकों, तथा आध्यात्मिक पिताओं और माताओं,** जिन्होंने इस दर्शन के लिए प्रार्थना की, भविष्यवाणी की, तथा अपना योगदान दिया - आपका समर्थन आधारभूत रहा है।

हम विशेष रूप से बिली ग्राहम को धन्यवाद देना चाहते हैं, जिन्होंने **दोबारा जन्म कैसे लें पर अपना योगदान दिया। उपचार और पुनर्स्थापना प्रक्रिया के लिए यह अमूल्य है। भगवान आपका भला करे!**

गॉड्स ईगल मिनिस्ट्रीज़ - जीईएमएस की टीम को , दुनिया भर में उपचार और सच्चाई फैलाने के लिए आपके अटूट समर्थन और अथक प्रतिबद्धता के लिए धन्यवाद।

उन सभी लोगों के लिए जो अस्वीकृति से गुजरे हैं और फिर भी दोबारा विश्वास करने का साहस किया है - **यह पुस्तक आपके लचीलेपन के लिए एक श्रद्धांजलि है।**

और आप पाठक को भी—अपने दिल को उपचार के लिए खोलने के लिए धन्यवाद। आशा है कि यह यात्रा आपको पुनर्स्थापना, पहचान और दिव्य उद्देश्य के जीवन की ओर ले जाएगी।

परिचय

अस्वीकृति जीवन के सबसे दर्दनाक अनुभवों में से एक है। यह चुपचाप आती है, लेकिन यह जोर से बोलती है। यह फुसफुसाती है कि आप पर्याप्त अच्छे नहीं हैं, वांछित नहीं हैं, योग्य नहीं हैं। चाहे यह आपके माता-पिता से आया हो जो चले गए, एक साथी जिसने आपके प्यार को धोखा दिया, एक नेता जिसने कभी आप पर विश्वास नहीं किया, या एक प्रणाली जिसने आपको अनदेखा किया - यह आत्मा पर एक निशान छोड़ देता है।

मैं अस्वीकृति से गुज़रा हूँ। मैंने गलत तरीके से आंके जाने, त्याग दिए जाने और अनदेखा किए जाने का दंश महसूस किया है। लेकिन मैंने इससे भी बड़ी चीज़ की खोज की है: एक ऐसा प्यार जो कभी विफल नहीं होता, एक आवाज़ जो मुझे चुनती है, और एक ऐसा उपचार जिसे कोई भी घाव बर्दाश्त नहीं कर सकता। उस खोज ने इस भक्ति को जन्म दिया।

"प्रिय, चुना हुआ और सम्पूर्ण" सिर्फ एक उपाधि नहीं है - यह आपकी दिव्य पहचान है।

यह 30-दिवसीय यात्रा करुणा, शास्त्र और वास्तविक जीवन की कहानियों के साथ तैयार की गई है ताकि आपको अस्वीकृति की छाया से पुनर्स्थापना के प्रकाश में जाने में मदद मिल सके। आप **माइकल** और **ग्रेस से मिलेंगे** , दो संबंधित आवाज़ें जो संघर्ष और जीत को व्यक्त करती हैं जो हम सभी को अपनेपन की लड़ाई में

सामना करना पड़ता है। उनकी कहानियों के माध्यम से - और अपनी खुद की - आप सच्चाई को उजागर करेंगे, झूठ का सामना करेंगे, और उस एक को फिर से खोजेंगे जिसने आपको कभी अस्वीकार नहीं किया: ईश्वर।

प्रत्येक दिन आपको प्रदान करता है:

- **एक ऐसी कहानी जो आपको अपनी ओर आकर्षित करेगी**
- **पवित्रशास्त्र से एक सत्य जो आपको सहारा देगा**
- **आपके दिल को झकझोरने वाला एक प्रतिबिंब**
- **आपकी आत्मा को संरेखित करने के लिए एक प्रार्थना**
- **आपके उपचार की प्रक्रिया में सहायता के लिए एक जर्नल प्रॉम्प्ट**

यह किताब आपके लिए सुरक्षित जगह है। यह टूटे हुए दिल वाले, मजबूत लेकिन थके हुए और चुपचाप पीड़ित लोगों के लिए है। चाहे आप इसे ताज़ा दर्द से पढ़ रहे हों या फिर अभी भी दर्द कर रहे जख्मों से, मैं चाहता हूँ कि आप जानें:

आप अकेले नहीं हैं। आपसे बहुत प्यार किया जाता है। आपको चुना गया है। और हाँ - आप संपूर्ण हैं।

इसे अपना निर्णायक बिन्दु बनाओ। इसे अपना पुनरुद्धार बनाओ।

आपकी उपचार यात्रा में आपका स्वागत है।

समूह नेताओं और सुविधा प्रदाताओं को संदेश

प्रिय साथी नेता,
दूसरों के साथ अस्वीकृति से लेकर पुनर्स्थापना तक की यात्रा में चलने के लिए आपका दिल से धन्यवाद। आप पवित्र कार्य कर रहे हैं।

यह भक्ति न केवल व्यक्तिगत चिंतन के लिए बल्कि छोटे समूहों, उपचार मंत्रालयों, प्रार्थना मंडलियों और परामर्श सेटिंग्स के लिए भी डिज़ाइन की गई थी। प्रत्येक दिन शक्तिशाली विषय, शास्त्र और वास्तविक जीवन के अनुभव प्रदान करता है जो समूह संदर्भ में गहरी बातचीत और परिवर्तन को जन्म दे सकते हैं।

प्रभावी ढंग से सुविधा प्रदान करने में आपकी सहायता के लिए यहां कुछ सुझाव दिए गए हैं:

- *प्रत्येक सत्र की शुरुआत प्रार्थना से करें तथा पवित्र आत्मा को उपचार और अंतर्दृष्टि प्रदान करने के लिए आमंत्रित करें।*

- *दैनिक भक्ति को जोर से पढ़ें, फिर समूह के सदस्यों को व्यक्तिगत रूप से चिंतन करने का समय दें।*

- *ईमानदार, सम्मानजनक बातचीत के लिए चिंतनशील प्रश्नों का उपयोग करें।*

- *जर्नलिंग को प्रोत्साहित करें, लेकिन साझा करना वैकल्पिक रखें - कुछ उपचार मौन में भी होते हैं।*

- *प्रार्थना घोषणा के साथ समाप्त करें, इसे विश्वास के समुदाय के रूप में एक साथ बोलें।*

- *अनुग्रह, गोपनीयता और गैर-निर्णय का एक स्थान बनाएं - यह गहन उपचार के लिए महत्वपूर्ण है।*

- आप चाहें तो 30वें दिन गवाही, आराधना, या प्रतिभागियों के लिए प्रार्थना के लिए एक विशेष समय निर्धारित कर सकते हैं, जो उपचार के बाद उद्देश्य की ओर कदम बढ़ा रहे हैं।

याद रखें : उपचार एक यात्रा है, कोई मंज़िल नहीं। आपका नेतृत्व, सहानुभूति और आध्यात्मिक संवेदनशीलता दूसरों में स्वतंत्रता को अनलॉक करने की कुंजी हैं। जैसे परमेश्वर इस पुस्तक का उपयोग करता है, वैसे ही वह आपको भी अपने आराम और पुनर्स्थापना का साधन बनने के लिए उपयोग कर सकता है।

गहरी कृतज्ञता और प्रार्थना के साथ,
ज़कारिया गॉडसीगल ; राजदूत मंडे ओ. ओगबे ; कम्फर्ट लाडी ओगबे
गॉड्स ईगल मिनिस्ट्रीज़ – GEMs
www.otakada.org

चर्चों/मंत्रालयों के लिए विशेष सिफारिशें

- **इस भक्ति को 30-दिवसीय उपचार अभियान के भाग के रूप में प्रस्तुत करें।** सेवाओं, बाइबल अध्ययनों या विशेष परामर्श सत्रों में इसका प्रचार करें।
- **मुक्ति और आंतरिक उपचार मंत्रालयों में उपयोग करें।** विषय गहन आध्यात्मिक बहाली के साथ अच्छी तरह से संरेखित होते हैं।
- प्रोत्साहन और विकास के लिए 30-दिवसीय चक्र के अंत में **प्रशंसापत्र शामिल करें ।**
- परिवर्तन को जारी रखने के लिए उद्‌देश्य की खोज, आत्म-मूल्य और आध्यात्मिक विकास पर **अनुवर्ती कार्यक्रमों पर विचार करें ।**

लाइसेंसिंग और समूह उपयोग:
थोक प्रतियों या डिजिटल समूह पहुंच के लिए, कृपया हमसे संपर्क करें अपने संगठन के लिए मंत्रालय छूट या अनुकूलित संस्करण के लिए ambassador@otakada.org पर संपर्क करें ।

इस यात्रा को एक भक्ति से अधिक होने दें - इसे मसीह के शरीर में उपचार, स्वतंत्रता और दिव्य पुनर्स्थापना का एक आंदोलन बनने दें।

सुविधाकर्ता मार्गदर्शिका परिशिष्ट: चर्चों, मंत्रालयों और उपचार समूहों के लिए

उद्देश्य: यह भक्ति पुस्तक
चर्चों, उपचार मंत्रालयों, परामर्श समूहों और सहायता फेलोशिप में उपयोग के लिए आदर्श है , जहां लोग भावनात्मक, आध्यात्मिक और संबंधपरक घावों से पूर्णता की तलाश कर रहे हैं।

सुझाया गया समूह प्रारूप (साप्ताहिक या दैनिक उपयोग):

1. **प्रारंभिक प्रार्थना और आराधना (5-10 मिनट)**
   अपने बीच पवित्र आत्मा का स्वागत करें और शांति और खुलेपन का माहौल बनाएं।
2. **भक्तिमय वाचन (5-10 मिनट)**
   दैनिक प्रविष्टि को जोर से पढ़ें या इसे पहले से ही निर्धारित कर लें। भागीदारी को बढ़ाने के लिए पाठकों को साप्ताहिक रूप से घुमाएँ।
3. **समूह चिंतन (20-30 मिनट)**
   पारदर्शी चर्चा को प्रोत्साहित करने के लिए चिंतन प्रश्नों का उपयोग करें। प्रतिभागियों को याद दिलाएँ कि यह एक सुरक्षित और गोपनीय स्थान है।
4. **व्यक्तिगत जर्नलिंग (10 मिनट)**
   व्यक्तिगत प्रसंस्करण के लिए समय दें। जर्नल स्वैच्छिक रूप से साझा किए जा सकते हैं।

5. **प्रार्थना और मध्यस्थता (10–15 मिनट)**
   चर्चा किए गए विशिष्ट मुद्दों पर प्रार्थना करें। प्रत्येक सत्र को शामिल उपचार प्रार्थना घोषणा के साथ समाप्त करें।
6. **कार्यवाही प्रतिबद्धता**
   सदस्यों को उस दिन के पाठ को व्यावहारिक रूप में लागू करने के लिए प्रोत्साहित करें - चाहे वह क्षमा करना हो, धर्मशास्त्र पर मनन करना हो, या ईश्वर को पत्र लिखना हो।

माइकल और होप की कहानी

माइकल ऐसे घर में बड़ा हुआ जहाँ प्यार कम था और स्वीकृति तो और भी कम। उसके पिता, एक सख्त और दूर रहने वाले व्यक्ति, शायद ही कभी सकारात्मक शब्द बोलते थे। जीवन के संघर्षों से अभिभूत उसकी माँ अक्सर उसकी भावनात्मक ज़रूरतों को नज़रअंदाज़ कर देती थी। छोटी उम्र से ही माइकल ने एक दर्दनाक संदेश को आत्मसात कर लिया था: वह पर्याप्त नहीं था। चाहे उसने कितनी भी कोशिश की हो, उसे अदृश्य, अप्रिय और अस्वीकार किया हुआ महसूस होता था।

स्कूल में माइकल को फिट होने में बहुत संघर्ष करना पड़ा। दोस्त आते-जाते रहे, लेकिन उसे हमेशा ऐसा लगता था कि वह बाहरी व्यक्ति है जो उसे देख रहा है। शिक्षक अक्सर उसे अनदेखा कर देते थे, और छोटी-छोटी गलतियाँ भी उसकी बेकारता की पुष्टि करती थीं। समय के साथ, अस्वीकृति गहरी होती गई - एक छाया जो हर जगह उसका पीछा करती थी, उसके मूल्य के बारे में झूठ बोलती थी।

जैसे-जैसे माइकल बड़ा होता गया, इस गहरी-जड़ वाली अस्वीकृति ने उसके जीवन के हर क्षेत्र को प्रभावित किया- रिश्ते, करियर और आत्म-सम्मान। वह अंतरंगता से डरता था, दूसरों से यह उम्मीद करता था कि वे उसे छोड़ देंगे या अस्वीकार कर देंगे। वह अपने सपनों का पीछा करने में झिझकता था, उसे

यकीन था कि वह सफलता के लायक नहीं है। दर्द शांत लेकिन निरंतर था, एक भारी जंजीर जिसे वह तोड़ नहीं सकता था।

एक दिन, जब वह सबसे कमज़ोर स्थिति में था, एक दोस्त ने उसे एक भक्ति पुस्तक दी जिसका शीर्षक था *प्यार, चुना हुआ और संपूर्ण: अस्वीकृति से बहाली तक 30 दिन की यात्रा*। संदेहपूर्ण लेकिन हताश माइकल ने पढ़ना शुरू किया। प्रत्येक दिन का संदेश सीधे उसके दिल से बात करता था, उन सच्चाइयों को प्रकट करता था जिन्हें वह भूल गया था या कभी नहीं जानता था: कि ईश्वर का प्रेम बिना शर्त था, कि उसे गहराई से चुना गया था, और कि उसकी पहचान दूसरों की राय से नहीं बल्कि उस सृष्टिकर्ता द्वारा परिभाषित की गई थी जिसने उसे नाम से बुलाया था।

धीरे-धीरे माइकल ने खुद को भगवान की नज़र से देखना शुरू कर दिया। जब उसने प्रार्थना, चिंतन और शास्त्र की शक्ति को अपनाया तो अस्वीकृति की जंजीरें ढीली पड़ गईं। उसने व्यावहारिक कदम उठाए- परामर्श लेना, स्वस्थ संबंध बनाना और उन जुनूनों का पीछा करना जो कभी उसकी पहुँच से बाहर लगते थे।

आज, माइकल को उसकी पिछली अस्वीकृति से नहीं बल्कि उस पुनर्स्थापना से पहचाना जाता है जो उसने पाई है। वह आत्मविश्वास के साथ चलता है, यह जानते हुए कि उसे प्यार किया जाता है, चुना जाता है, और वह संपूर्ण है। उसकी कहानी

इस बात का प्रमाण है कि अस्वीकृति चाहे कितनी भी गहरी क्यों न हो, उपचार और आशा हमेशा उसकी पहुँच में होती है।

अनुग्रह और नवीनीकरण की कहानी

ग्रेस हमेशा मुस्कुराती रहती थी, लेकिन उसके पीछे अस्वीकृति का भारी दिल था। बचपन से ही, उसे त्याग का दंश महसूस हुआ - जब वह बहुत छोटी थी, तब उसके माता-पिता का तलाक हो गया था, और वह घर-घर भटकती रही, कभी किसी से जुड़ी नहीं। स्कूल और सामाजिक मंडलियों में, ग्रेस को अक्सर अनदेखा महसूस होता था, जैसे कि उसकी आवाज़ का कोई महत्व नहीं था। अनकहा संदेश स्पष्ट था: वह पूरी तरह से या हमेशा के लिए प्यार पाने के लिए पर्याप्त नहीं थी।

जैसे-जैसे वह वयस्कता में प्रवेश करती गई, ग्रेस की अंतर्निहित अस्वीकृति उसके रिश्तों में दिखाई देने लगी। उसने खुद को ऐसे लोगों की ओर आकर्षित पाया जो भावनात्मक रूप से अनुपलब्ध या खारिज करने वाले थे, जिससे अनदेखी और महत्वहीन महसूस करने का दर्दनाक चक्र चलता रहा। अंदर ही अंदर, ग्रेस स्वीकृति के लिए तरसती रही, लेकिन वर्षों की अस्वीकृति ने उसे यह विश्वास दिलाना मुश्किल बना दिया कि वह योग्य थी।

दर्द के बावजूद, ग्रेस ने एक शांत उम्मीद को थामे रखा—एक फुसफुसाहट कि वह अपने अतीत से कहीं बढ़कर हो सकती है। एक दिन, विशेष रूप से टूटा हुआ महसूस करते हुए, उसने भक्ति पुस्तक *लव्ड, चॉज़न एंड होल: ए 30-डे जर्नी फ्रॉम रिजेक्शन टू रिस्टोरेशन की खोज की*। संदेहास्पद लेकिन उपचार के लिए भूखी, उसने पढ़ना शुरू किया। प्रत्येक भक्ति ने उसके अंदर कुछ

हलचल मचा दी—एक सौम्य अनुस्मारक कि भगवान का प्यार उसके प्रदर्शन या दूसरों से अनुमोदन पर आधारित नहीं था बल्कि स्वतंत्र रूप से दिया गया था, बिना शर्त और अटूट।

दैनिक चिंतन, प्रार्थनाओं और कहानियों के माध्यम से, ग्रेस ने उन झूठों को तोड़ना शुरू कर दिया, जिन पर वह वर्षों से विश्वास करती आ रही थी। उसने भगवान की चुनी हुई बेटी के रूप में अपनी पहचान को स्वीकार करना सीखा, जो पोषित और संपूर्ण थी। उपचार तुरंत नहीं हुआ - यह आँसू, सफलताओं और पुराने घावों का सामना करने के साहस से भरी यात्रा थी। लेकिन प्रत्येक कदम के साथ, ग्रेस मजबूत होती गई, स्वस्थ सीमाएँ निर्धारित करना, खुद को और दूसरों को माफ़ करना और उद्देश्य के साथ साहसपूर्वक चलना सीखा।

आज, ग्रेस अपने मूल्य और अपनेपन की नई भावना के साथ चमकती है। वह अपनी कहानी दूसरों को प्रोत्साहित करने के लिए साझा करती है जो अस्वीकृति से फंसे हुए महसूस करते हैं। ग्रेस की यात्रा से पता चलता है कि बहाली संभव है - कि हर महिला जो टूटी हुई महसूस करती है वह उठ सकती है, प्यार कर सकती है, चुनी जा सकती है और पूरी हो सकती है।

लक्षण गहरी अस्वीकृति का

एक अंतर्निहित अस्वीकृति किसी व्यक्ति की पहचान, रिश्तों और जीवन के विकल्पों को गहराई से प्रभावित कर सकती है। आप अक्सर यह बता सकते हैं कि यह किसी के जीवन में व्यवहार, भावनाओं और विश्वासों में लगातार पैटर्न के माध्यम से काम कर रहा है। यहाँ कुछ स्पष्ट संकेत दिए गए हैं:

1. अनुमोदन की निरंतर आवश्यकता

- वे अत्यधिक मान्यता चाहते हैं या फिर अजनबियों से भी अस्वीकृति का भय महसूस करते हैं।
- प्रशंसा से उन्हें अस्थायी राहत मिलती है, लेकिन वे शीघ्र ही पुनः असुरक्षा की भावना में डूब जाते हैं।

2. अंतरंगता या भेद्यता का डर

- वे रिश्तों में खुलकर बात करने में संघर्ष करते हैं या चोट लगने से बचने के लिए लोगों को दूर धकेल देते हैं।
- वे यह मान लेते हैं कि दूसरे लोग अंततः उन्हें छोड़ देंगे, धोखा देंगे या अस्वीकार कर देंगे।

3. आलोचना पर अति प्रतिक्रिया

- यहां तक कि सौम्य सुधार या असहमति भी व्यक्तिगत हमले जैसी लगती है।

- वे रक्षात्मक हो जाते हैं या भावनात्मक रूप से पीछे हट जाते हैं।

4. आत्म-तोड़फोड़

- वे प्रयास करने से पहले ही हार मान लेते हैं, अवसरों से बचते हैं, या असफलता को अपरिहार्य मान लेते हैं।
- "मैं पर्याप्त अच्छा नहीं हूँ" या "वे मुझे नहीं चुनेंगे" एक अवचेतन स्क्रिप्ट बन जाती है।

5. अलगाव और वापसी

- वे अकेले रहना इसलिए पसंद करते हैं, इसलिए नहीं कि उन्हें एकांत अच्छा लगता है, बल्कि इसलिए कि वे फिर से अस्वीकृत होने से बचना चाहते हैं।
- वे कह सकते हैं, "मेरे लिए अकेले रहना बेहतर है" जबकि मन ही मन वे किसी से जुड़ने की इच्छा भी रखते हैं।

6. प्रदर्शन-संचालित पहचान

- उनका आत्म-मूल्य उपलब्धि, कार्य, सेवकाई या अच्छे व्यवहार से जुड़ा हुआ है।
- उन्हें लगता है कि उन्हें प्रेम "कमाना" होगा, यहाँ तक कि परमेश्वर से भी।

7. आंतरिक प्रतिज्ञाएँ और सीमित विश्वास

- उन्होंने मन ही मन ऐसी प्रतिज्ञा की है कि: "मैं फिर कभी किसी को मुझे दुख नहीं पहुँचाने दूँगा।"
- ये प्रतिज्ञाएं चुपचाप उनके निर्णयों को निर्देशित करती हैं और स्वतंत्रता या उपचार को रोकती हैं।

8. आध्यात्मिक वियोग

- उन्हें यह विश्वास करने में कठिनाई हो सकती है कि परमेश्वर सचमुच उनसे प्रेम करता है या उन्हें स्वीकार करता है।
- वे परमेश्वर को एक प्रेमी पिता से अधिक एक न्यायाधीश के रूप में देखते हैं, और प्रायः उसकी उपस्थिति में स्वयं को अयोग्य समझते हैं।

जड़ जमाए हुए अस्वीकृति से उबरना: एक चरण-दर-चरण मार्गदर्शिका

चरण 1: मूल को पहचानें

पूछना:

- अस्वीकृति की शुरुआत कहां से हुई? बचपन से? विश्वासघात से? परित्याग से? माता-पिता की उपेक्षा से?
- किसने या किस बात ने सबसे पहले आपको अप्रिय, अयोग्य या अवांछित महसूस कराया?

प्रतिबिंब जर्नल:

- “पहली बार मुझे अवांछित महसूस हुआ जब...”
- “मुझे विश्वास था कि मैं पर्याप्त अच्छा नहीं था क्योंकि...”

प्रार्थना:

"हे प्रभु, मेरे जीवन में अस्वीकृति की जड़ को उजागर करें। छिपे हुए घावों पर अपना प्रकाश डालें। जो मैं नहीं देख सकता उसे ठीक करें।"

चरण 2: झूठ का त्याग करें

अस्वीकृति अक्सर इस तरह के झूठ का आधार बनती है:

- “मैं प्यार करने लायक नहीं हूँ।”
- "सब छोड़ देते हैं।"
- “मुझे खुद को साबित करना है।”

कार्रवाई:
उन झूठों को लिख लें जिन पर आपने विश्वास किया है। फिर सच बताएं:

- “मैं अपने प्रिय में स्वीकार किया गया हूँ” (इफिसियों 1:6)।
- “मैं भयानक और अद्भुत रीति से रचा गया हूँ” (भजन संहिता 139:14)।
- “परमेश्वर मुझे कभी न छोड़ेगा, न कभी त्यागेगा” (इब्रानियों 13:5)।

प्रार्थना:
"मैं अस्वीकृति के झूठ के साथ समझौता तोड़ता हूँ। मैं आप में जो हूँ, उस सत्य को स्वीकार करता हूँ, प्रभु।"

चरण 3: उन लोगों को माफ़ करें जिन्होंने आपको अस्वीकार किया

क्षमा न करने से घाव खुला रहता है।

कार्रवाई:

- व्यक्ति/व्यक्तियों का नाम बताइये।
- दर्द को स्वीकार करें.
- क्षमा करना चुनें, भले ही अभी आप ऐसा महसूस न कर रहे हों।

प्रार्थना:

"पिता, मैं [नाम] को माफ़ करता हूँ क्योंकि उसने मुझे अवांछित और अप्रिय महसूस कराया। मैं उन्हें आपके हवाले करता हूँ और खुद को माफ़ न करने के बोझ से मुक्त करता हूँ।"

चरण 4: परमेश्वर की चंगाई और स्वीकृति प्राप्त करें

ईश्वर आपको पुनः पिता बनाए। ईश्वर आपको वहां प्रेम करें जहां अन्य लोग असफल हो गए।

कार्रवाई:

- परमेश्वर के प्रेम के वचनों पर मनन करने में समय बिताएँ।
- ऐसी उपासना में डूब जाइए जो आपको आपकी पहचान की याद दिलाती है।

मुख्य शास्त्र:

- यशायाह 43:1 – "मैं ने तुझे नाम लेकर बुलाया है; तू मेरा ही है।"
- रोमियों 8:15 – "तुम को दासत्व की आत्मा नहीं मिली कि फिर भयभीत हो..."

प्रार्थना:
"पिता, मैं आपका प्यार और स्वीकृति प्राप्त करता हूँ। अपने प्रिय बच्चे के रूप में मेरी पहचान का पुनर्निर्माण करें।"

चरण 5: जीवन की बात करें और अपने मन को नवीनीकृत करें

अस्वीकृति आपके खुद को देखने के तरीके को विकृत कर देती है। आपको नई घोषणाओं की आवश्यकता है।

दैनिक घोषणाएँ:

- “मैं परमेश्वर द्वारा चुना गया हूँ।”
- “मैं कोई गलती नहीं हूँ।”
- “मुझे बिना किसी शर्त के प्यार किया जाता है।”

कार्यवाही:

एक "सत्य दीवार" या "पहचान पत्रिका" बनाएं, जिसमें आप लिखें कि परमेश्वर आपके बारे में क्या कहता है।

चरण 6: स्वस्थ रिश्तों में पुनः जुड़ें

अस्वीकृति अलग-थलग कर देती है, लेकिन उपचार पुनः जोड़ता है।

कार्रवाई:

- सुरक्षित रिश्तों में खुलने के लिए छोटे-छोटे कदम उठाएँ।
- किसी स्वस्थ समुदाय, प्रार्थना समूह या उपचार सहायता मंडली में शामिल हों।
- विश्वसनीय लोगों को अपने साथ चलने दें।

प्रार्थना:

"हे प्रभु, मेरे जीवन में सही लोगों को लाओ - जो मुझे अपने हृदय से प्रेम करेंगे और पूर्णता में बढ़ने में मेरी सहायता करेंगे।"

चरण 7: दूसरों को उपचार प्रदान करना

परमेश्वर आपके घावों को उपचार के हथियार में बदल देता है।

कार्रवाई:

- अपनी गवाही साझा करें.
- अस्वीकृति से जूझ रहे अन्य लोगों के लिए प्रार्थना करें।
- दया और समझदारी से चलो।

पवित्रशास्त्र:
2 कुरिन्थियों 1:4 – "वह हमारे सब क्लेशों में हमें शान्ति देता है; ताकि हम भी उन्हें शान्ति दे सकें जो किसी क्लेश में हों..."

अस्वीकृति से पुनर्स्थापना तक की 30-दिवसीय यात्रा शुरू होती है...

दिन 1: खामोश घाव

पवित्रशास्त्र (NLT):

“चाहे मेरे पिता और माता मुझे त्याग दें, तौभी यहोवा मुझे अपने समीप रखेगा।” – भजन संहिता 27:10

माइकल की कहानी:

माइकल अपने पिता के अंतिम संस्कार में अकेला खड़ा था, उसकी आँखें सूखी थीं लेकिन दिल खून से लथपथ था। बचपन में "बहुत संवेदनशील" होने के कारण उसे नकार दिया गया था, वह कभी भी अच्छा नहीं था। अब, वह शब्द सुनने के लिए बहुत देर हो चुकी थी, जिसके लिए वह तरस रहा था: *"मुझे तुम पर गर्व है।"* वह खामोशी उसे परेशान कर रही थी।

ग्रेस की कहानी:

ग्रेस हमेशा से ही अदृश्य रही थी। उसके माता-पिता ने उसे अनदेखा किया, प्रेमियों ने उसका इस्तेमाल किया, काम पर उसे बर्खास्त कर दिया गया। अस्वीकृति एक पल नहीं थी - यह एक पैटर्न था। इसने उसकी आवाज़, उसके चलने, उसके मूल्य को

आकार दिया। उसकी मुस्कान उसकी ढाल थी, लेकिन अंदर ही अंदर वह सवाल करती थी कि क्या उसका कोई महत्व है।

भक्तिपूर्ण अंतर्दृष्टि:

अस्वीकृति हमेशा ज़ोर से नहीं होती। अक्सर, यह चुपचाप घुस आती है - चुप्पी, उपेक्षा, आलोचना, त्याग के ज़रिए। लेकिन स्रोत चाहे जो भी हो, परमेश्वर की बाहें खुली हैं। वह सिर्फ़ आपको बर्दाश्त नहीं करता - वह आपको *चुनता है*। वह आपकी तुलना नहीं करता - वह आपको *संजोता है।*

भजन 27 लिखने वाले दाऊद को भी ठुकराया गया। अपने परिवार द्वारा अनदेखा किया गया, अपने दुश्मनों द्वारा सताया गया, अपने ही बेटे द्वारा धोखा दिया गया—फिर भी वह पूरे भरोसे के साथ कहता है: *"प्रभु मुझे अपने पास रखेगा।"*

आज, इसे अपनी वास्तविकता बनाइए। परमेश्वर आपको इस आधार पर परिभाषित नहीं करता कि आपको किसने अस्वीकार किया - बल्कि इस आधार पर परिभाषित करता है कि आपको किसने छुड़ाया।

चिंतन प्रश्न:

1. आपके जीवन में किसने आपको अयोग्य या अदृश्य महसूस कराया?

2. उस अस्वीकृति के कारण आपने अपने बारे में कौन सा झूठ मान लिया है?

प्रार्थना घोषणाः

पिता, जब लोग मुझे अस्वीकार करते हैं, तब भी आप मुझे स्वीकार करते हैं। जब दूसरे मुझे छोड़ देते हैं, तो आप मुझे अपने पास रखते हैं। मैं अतीत में अस्वीकार किए जाने के दर्द को त्याग देता हूँ और आपके उपचारात्मक आलिंगन को स्वीकार करता हूँ। यीशु के नाम में, मुझे फिर से संपूर्ण बनाइए। आमीन।

जर्नल प्रॉम्प्टः

उस व्यक्ति (या लोगों) को एक पत्र लिखें जिन्होंने आपको अस्वीकार कर दिया है - भेजने के लिए नहीं, बल्कि मुक्ति के लिए। अपने दुख को बाहर निकालें, फिर ईश्वर से प्रार्थना करें कि वह उस जगह को अपनी सच्चाई से भर दे।

टिप्पणियाँः

दिन 2: झूठ की जड़

पवित्रशास्त्र (विस्तृत):

"चोर केवल चोरी करने, घात करने, और नाश करने को आता है। मैं इसलिये आया कि वे जीवन पाएं, और बहुतायत से पाएं [पूरी तरह से, जब तक कि वह बह न जाए]।" - यूहन्ना 10:10 ए.एम.पी.

माइकल की कहानी:

माइकल अपने दिमाग में चल रही आवाज़ को दबा नहीं सका: *"तुम पर्याप्त नहीं हो।"* यह बोर्डरूम में, उसकी शादी में, यहाँ तक कि चर्च में भी गूंजता रहा। हर बार जब कोई उसके प्रयासों को स्वीकार नहीं करता था, तो घाव फिर से भर जाता था। उसने अपनी योग्यता साबित करने के लिए और अधिक मेहनत की, लेकिन प्रशंसा कभी नहीं रुकी।

ग्रेस की कहानी:

ग्रेस ने कभी गायिका बनने का सपना देखा था। लेकिन जिस रात उसकी माँ ने हँसते हुए कहा, *"अपने आप को शर्मिंदा मत करो,"* उसका सपना मर गया। तब से, हर अवसर एक जाल की तरह

लगता था, हर तारीफ एक झूठ। उसने अपनी प्रतिभा को विनम्रता के नीचे छिपाया, उसे दिखने से डर लगता था।

भक्तिपूर्ण अंतर्दृष्टि:

अस्वीकृति के पौधे हमारे भीतर गहरे बैठे हैं: *"तुम योग्य नहीं हो," "तुम कभी भी योग्य नहीं हो," "तुम अप्रिय हो।"* लेकिन ये आपके विचार नहीं हैं - ये वे बीज हैं जिन्हें दुश्मन आपकी पहचान चुराने, आपके आत्मविश्वास को मारने और आपके भाग्य को नष्ट करने के लिए बोता है।

यीशु सिर्फ आपकी आत्मा को बचाने के लिए नहीं आया था - वह **आपके पूरे जीवन को पुनर्स्थापित करने आया था** , जिसमें आपका **मूल्य** , **आवाज़** और **पहचान शामिल है** ।

आज, झूठ को पहचानें। उसे जड़ से उखाड़ फेंकें। उसकी जगह सत्य को स्थापित करें। परमेश्वर का सत्य प्रतिक्रियात्मक नहीं है - यह मुक्तिदायक है।

चिंतन प्रश्न:

1. कौन से बार-बार आने वाले विचार ने आपकी प्रगति को सीमित कर दिया है या आपकी खुशी को चुरा लिया है?
2. क्या आप बता सकते हैं कि इस झूठ की शुरुआत कहां और कब हुई?

प्रार्थना घोषणाः

यीशु, आप मुझे भरपूर जीवन देने आए हैं। मैं हर उस झूठ को अस्वीकार करता हूँ जो कहता है कि मैं बेकार या अवांछित हूँ। मैं इन झूठों को जड़ से उखाड़ फेंकता हूँ और आपकी सच्चाई को स्वीकार करता हूँ: मैं प्यार किया गया हूँ, मूल्यवान हूँ, और उद्देश्य के लिए बनाया गया हूँ। मुझे अंदर से बाहर तक ठीक करें। आमीन।

जर्नल प्रॉम्प्टः

अपने बारे में तीन झूठों की सूची बनाइए जिन पर आप विश्वास करते हैं। फिर, हर झूठ के साथ परमेश्वर के वचन से एक ऐसा सच लिखिए जो उसका खंडन करता हो।

टिप्पणियाँः

दिन 3: जब प्यार साथ छोड़ देता है

पवित्रशास्त्र (NLT):

"यहोवा टूटे मनवालों के समीप रहता है; वह पिसे हुओं को बचाता है।" – भजन 34:18

माइकल की कहानी:

वह वही थी जिसके बारे में उसने सोचा था कि वह रहेगी। जब उसकी पत्नी चली गई, तो वह अपने कपड़ों से ज़्यादा कुछ लेकर गई- उसने उसके आत्मविश्वास का आखिरी टुकड़ा भी ले लिया। उसने कहा था, *"तुम बहुत ज़्यादा क्षतिग्रस्त हो चुके हो।"* उसके जाने से ऐसा लगा कि उसे जो कुछ भी डर था, वह सच हो गया।

ग्रेस की कहानी:

ग्रेस को उसके मंगेतर ने उनकी शादी से कुछ हफ़्ते पहले ही छोड़ दिया था। कोई स्पष्टीकरण नहीं। बस चुप्पी। उसने खुद को दोषी ठहराया - अपनी शक्ल, अपने व्यक्तित्व, अपने अतीत को। उसे लगा कि उसे एक ऐसी गलती के रूप में त्याग दिया गया है जिसे कोई भी स्वीकार नहीं करना चाहता।

भक्तिपूर्ण अंतर्दृष्टि:

किसी ऐसे व्यक्ति द्वारा त्याग दिए जाने से ज़्यादा गहरा घाव शायद ही कोई और हो, जिसने साथ रहने का वादा किया था। लेकिन सच यह है: **ईश्वर कभी भी दूर नहीं जाता।** वह आपके आंसुओं से नहीं थकता। जब आप अपने सर्वश्रेष्ठ रूप में नहीं होते, तो वह पीछे नहीं हटता।

आपका दिल टूट सकता है, लेकिन इसे सुधारा नहीं जा सकता। जब लोग छोड़ देते हैं, तो परमेश्वर आपकी सहायता के लिए आगे आता है। वह आपकी कुचली हुई आत्मा के करीब आता है - आप पर दया करने के लिए नहीं, बल्कि आपको **बचाने और बहाल करने के लिए ।**

चिंतन प्रश्न:

1. कौन आपसे दूर चला गया और इससे आपके आत्म-सम्मान पर क्या प्रभाव पड़ा?
2. आज भी आप किस प्रकार उस त्याग को अपने अंदर समेटे हुए हैं?

प्रार्थना घोषणाः

प्रभु, मैं आपको उन लोगों का दर्द देता हूँ जो मुझसे दूर चले गए। मैं खुद को अकेला महसूस कर सकता हूँ, लेकिन मैं कभी अकेला नहीं हूँ। मेरे टूटे हुए दिल में मेरे करीब रहो। अपने प्यार से मुझे बचाओ और जो खो गया था उसे फिर से बनाओ। आमीन।

जर्नल प्रॉम्प्टः

किसी ऐसे रिश्ते के बारे में परमेश्वर को प्रार्थना-पत्र लिखें जिसने आपको बहुत ज़्यादा चोट पहुँचाई हो। ईमानदार रहें—फिर उसे अपने दिल से बात करने दें।

टिप्पणियाँ:

दिन 4: शर्म आनी चाहिए तुम्हें

पवित्रशास्त्र (एएमपी):

"तुम्हारी [पिछली] लज्जा की सन्ती तुम्हें दूना भाग मिलेगा..." – यशायाह 61:7अ

माइकल की कहानी:

माइकल को पारिवारिक समारोहों में जाना पसंद नहीं था। बाकी सब लोग "अच्छा कर रहे थे।" वह अभी भी अपने अतीत की गड़बड़ियों को ठीक करने की कोशिश कर रहा था—नौकरी छूटना, असफल विवाह, कर्ज। घूरना, खामोशी, दया—ये सब *शर्म की चीखें थीं।*

ग्रेस की कहानी:

शर्म ग्रेस के कंधों पर छाया की तरह रहती थी। यौन शोषण, टूटी हुई सगाई, गलत चुनाव - उसे लगता था कि उसने उन्हें लाल रंग के पत्र की तरह पहना हुआ था। जब वह मुस्कुराती थी, तब भी उसकी आत्मा फुसफुसाती थी, *"वे जानते हैं।"*

भक्तिपूर्ण अंतर्दृष्टि:

शर्म परमेश्वर की ओर से नहीं है। अपराध बोध कहता है, "मैंने कुछ गलत किया।" शर्म कहती है, "मैं कुछ गलत हूँ।" यीशु ने क्रूस पर दोनों को सहन किया - आपका अपराध और आपकी शर्म।

यशायाह 61:7 में परमेश्वर का वादा अस्पष्ट सांत्वना नहीं है। यह **ईश्वरीय क्षतिपूर्ति की घोषणा है** । आपकी शर्म के बदले, वह सम्मान देता है। अस्वीकृति के बदले, वह अपनापन देता है। दर्द के बदले, वह उद्देश्य देता है।

आपको किसी और दिन शर्मिंदा होने की ज़रूरत नहीं है।

चिंतन प्रश्न:

1. कौन सी याद या गलती आज भी आपको शर्मिंदगी महसूस कराती है?
2. ऐसा जीवन जीना कैसा लगेगा जैसे कि आपको सचमुच क्षमा कर दिया गया हो?

प्रार्थना घोषणा:

हे परमेश्वर, मैं शर्म को त्यागता हूँ। मैं वह नहीं हूँ जो मेरे साथ किया गया या जो मैंने किया है - मैं वह हूँ जो आप कहते हैं कि मैं हूँ। मुझे सम्मान प्रदान करें। मेरी पहचान को पुनः स्थापित करें। मैं आपकी चंगाई और सम्मान का दुगना भाग प्राप्त करता हूँ। आमीन।

जर्नल प्रॉम्प्ट:

शर्म के कारण आपने जो एक बात छिपाई है, उसका वर्णन करें। फिर लिखें कि अगर वह वजन चला जाए तो आज़ादी कैसी लगेगी।

टिप्पणियाँः

दिन 5: भीतर की आवाज़

पवित्रशास्त्र (NLT):

"क्योंकि हम परमेश्वर की उत्कृष्ट कृति हैं। उसने हमें मसीह यीशु में नया बनाया है, ताकि हम उन भले कामों को कर सकें जो उसने हमारे लिए बहुत पहले से तय किए थे।" - इफिसियों 2:10

माइकल की कहानी:

माइकल को अक्सर अपने पिता की आलोचनात्मक आवाज़ अपने दिमाग में सुनाई देती थी: *"तुम कभी कुछ नहीं बन पाओगे।"* एक वयस्क व्यक्ति के रूप में भी, उस आवाज़ ने उसके निर्णयों को प्रभावित किया - और उसकी संभावनाओं को डुबो दिया।

ग्रेस की कहानी:

ग्रेस की अंतरात्मा की आवाज़ उसके बारे में बोले गए हर क्रूर शब्द को दोहराती थी। यहाँ तक कि जब लोग उसकी प्रशंसा करते थे, तो उसका मन फुसफुसाता था, *"वे वास्तव में ऐसा नहीं करते हैं।"* वह आशीर्वाद को नष्ट कर देती थी, डरती थी कि वे छीन लिए जाएँगे।

भक्तिपूर्ण अंतर्दृष्टि:

हम सभी अपने भीतर कुछ कहानियाँ रखते हैं - अस्वीकृति, आघात, भय द्वारा लिखी गई पटकथाएँ। लेकिन आज, ईश्वर आपकी कहानी फिर से लिखता है। आप कोई गलती नहीं हैं। आप औसत नहीं हैं। आप अवांछित नहीं हैं।

आप **उनकी उत्कृष्ट कृति हैं** । आपको उद्देश्य के साथ गढ़ा गया है, अनुग्रह से धोया गया है, और महानता के लिए नियत किया गया है।

अब समय आ गया है कि आलोचकों को चुप करा दिया जाए और सृजनकर्ता की आवाज को बुलंद किया जाए।

चिंतन प्रश्न:

1. आप अभी भी किसकी आवाज में अस्वीकृति या आलोचना सुनते हैं?
2. परमेश्वर के वचन से कौन-सी सच्चाई आपको ज़ोर से बोलने की ज़रूरत है?

प्रार्थना घोषणा:

पिता, मेरी योग्यता के विरुद्ध बोलने वाली हर आवाज़ को चुप करा दो। मैं आपके द्वारा मेरे बारे में कही गई बातों पर विश्वास करना चुनता हूँ। मैं आपकी उत्कृष्ट कृति हूँ। मैं पर्याप्त हूँ। मुझे उद्देश्यपूर्ण, उद्देश्य के लिए बनाया गया था। आमीन।

जर्नल प्रॉम्प्टः

परमेश्वर के वचन के आधार पर एक "मैं हूँ" सूची लिखें (जैसे, मैं चुना हुआ हूँ, मैं प्रिय हूँ, मैं संपूर्ण हूँ...) इसे किसी दृश्यमान स्थान पर पोस्ट करें।

टिप्पणियाँः

दिन 6: पिता का आलिंगन

पवित्रशास्त्र (NLT):

" और वह अपने पिता के पास घर लौट आया। अभी वह बहुत दूर ही था, कि उसके पिता ने उसे आते देखा। प्रेम और करुणा से भरकर वह दौड़कर अपने बेटे के पास गया, और उसे गले लगाया, और चूमा।" - लूका 15:20

माइकल की कहानी:

माइकल ईश्वर से बहुत दूर था - कड़वाहट और दोष से प्रेरित। लेकिन एक रात, टूटे और थके हुए, उसने फुसफुसाते हुए प्रार्थना की, *"यदि आप अभी भी वहाँ हैं ..."* इसके बाद जो हुआ वह निंदा नहीं थी, बल्कि शांति की एक निर्विवाद भावना थी।

ग्रेस की कहानी:

ग्रेस ने ईश्वर को अपने सांसारिक पिता की तरह कल्पना की थी - दूर और निराश। लेकिन एक आराधना सेवा में, गीत ने कहा, *"वह एक अच्छा, अच्छा पिता है।"* एक नई वास्तविकता के सामने आते ही आँसू बहने लगे: *ईश्वर मुझे चाहता है... अभी भी।*

भक्तिपूर्ण अंतर्दृष्टि:

उड़ाऊ पुत्र की कहानी सिर्फ़ पश्चाताप के बारे में नहीं है - यह **एक ऐसे पिता के बारे में है जो दौड़ता है** । परमेश्वर सिर्फ़ इंतज़ार नहीं करता; वह देखता है। उसे उपदेशों में कोई दिलचस्पी नहीं है, बल्कि वह **गले लगाता है** ।

आप खुद को अयोग्य, बहुत दूर, बहुत क्षतिग्रस्त महसूस कर सकते हैं - लेकिन आपका पिता आपको देखता है। वह आपको घर पर चाहता है। उसकी बाहों को वह स्थान बनने दें जहाँ से आपकी चिकित्सा शुरू होती है।

चिंतन प्रश्नः

1. क्या आप परमेश्वर को एक प्रेममय पिता के रूप में देखते हैं या एक दूरस्थ व्यक्ति के रूप में?
2. उसके द्वारा पूर्णतः आलिंगन किये जाने के विषय में आपको क्या भय है?

प्रार्थना घोषणाः

अब्बा पिता, मैं जैसा हूँ वैसा ही आपके पास आता हूँ। मेरे पास दौड़ो, मुझे थामो, मुझे चंगा करो। मैं डर को त्यागता हूँ और आपका आलिंगन स्वीकार करता हूँ। आप उन लोगों की तरह नहीं हैं जो चले गए - आप वफ़ादार, दयालु और प्रेमपूर्ण हैं। आमीन।

जर्नल प्रॉम्प्टः

एक पत्र ऐसे लिखें जैसे कि ईश्वर आपसे अपने प्रिय बच्चे के रूप में बात कर रहे हों। इसकी शुरुआत इस तरह करें, *"मेरे प्यारे बेटे/बेटी..."*

टिप्पणियाँ:

दिन 7: इंतज़ार के लायक

पवित्रशास्त्र (एएमपी):

" इस कारण यहोवा तुम पर अनुग्रह करने के लिये बाट जोहता है, और इसलिये वह ऊंचे स्थान पर तुम्हारी दया करने के लिये बाट जोहता है।" – यशायाह 30:18

माइकल की कहानी:

माइकल को लगा कि भगवान उसे भूल गए हैं। सालों से प्रार्थनाओं का जवाब न मिलने से वह स्तब्ध हो गया था। लेकिन भगवान उसे अनदेखा नहीं कर रहे थे - वह उसे तैयार कर रहे थे। जो देरी लग रही थी वह ईश्वरीय समय था।

ग्रेस की कहानी:

ग्रेस को आश्चर्य हुआ कि प्रेम और स्वीकृति के लिए उसकी प्रार्थनाएँ अनुत्तरित क्यों लग रही थीं। धीरे-धीरे, परमेश्वर ने प्रकट किया: *"मैं तुम्हें सिर्फ़ वही नहीं दे रहा हूँ जो तुम चाहती हो। मैं तुम्हें वह सब कुछ देने के लिए तैयार कर रहा हूँ जिसकी तुम्हें ज़रूरत है।"*

भक्तिपूर्ण अंतर्दृष्टि:

परमेश्वर की चुप्पी अनुपस्थिति नहीं है। कभी-कभी वह प्रतीक्षा करता है - दंड देने के लिए नहीं, बल्कि **स्थिति निर्धारित करने के लिए** । उसका विलंब इनकार नहीं है - यह गहरे, जानबूझकर प्रेम का संकेत है।

आपको भुलाया नहीं गया है। आप **प्रतीक्षा के लायक हैं** । और परमेश्वर ने आपके लिए जो कुछ रखा है, वह उससे कहीं अधिक है जिसे अस्वीकार करने से चुराने की कोशिश की गई थी।

चिंतन प्रश्न:

1. किन विलंबों के कारण आपको अपनी योग्यता पर प्रश्नचिन्ह लगाने पड़े?
2. क्या आप परमेश्वर के समय पर भरोसा कर सकते हैं, भले ही वह धीमा लगे?

प्रार्थना घोषणा:

हे प्रभु, मैं प्रतीक्षा में आप पर भरोसा करना चुनता हूँ। मेरी मदद करें कि आप मौन को अनुपस्थिति के साथ भ्रमित न करें। मुझे

तैयार करें, मुझे परिष्कृत करें, और जब सही समय हो - मुझे पुनर्स्थापित करें। आमीन।

जर्नल प्रॉम्प्ट:

किसी ऐसी चीज़ के बारे में लिखें जिसका आप इंतज़ार कर रहे हैं। फिर लिखें कि परिणाम के लिए परमेश्वर पर भरोसा करने का क्या मतलब होगा।

टिप्पणियाँ:

दिन 8: आपके बारे में सच्चाई

पवित्रशास्त्र (NLT):

"तुमने मुझे नहीं चुना। मैंने तुम्हें चुना है। मैंने तुम्हें नियुक्त किया है कि तुम जाओ और स्थायी फल लाओ..." - यूहन्ना 15:16

माइकल की कहानी:

माइकल को हमेशा लगता था कि वह जीवन में एक बैकअप प्लान है - कभी भी पहली पसंद नहीं। लेकिन जब उसने पढ़ा कि यीशु ने उसे व्यक्तिगत रूप से चुना है, तो उसके अंदर कुछ बदलाव आया। *"भगवान मुझे चाहते हैं,"* उसने फुसफुसाया।

ग्रेस की कहानी:

ग्रेस ने खुद को "वह व्यक्ति माना जिसके साथ उन्होंने समझौता किया था।" लेकिन उसके कमरे की शांति में, भगवान ने फुसफुसाते हुए कहा, *"मैंने तुम्हें चुना इससे पहले कि वे तुम्हें अस्वीकार कर सकें।"*

भक्तिपूर्ण अंतर्दृष्टि:

इससे पहले कि दुनिया कहे कि *"तुम पर्याप्त नहीं हो,"* परमेश्वर ने कहा *"तुम मेरे हो।"* तुम्हें चुना गया था - बिना सोचे-समझे नहीं, दया से नहीं - बल्कि इरादे और प्यार से।

आज इस सत्य को अपने ऊपर हावी होने दीजिए: आप स्वर्ग द्वारा **चुने गए हैं**।

चिंतन प्रश्न:

1. आपको कब ऐसा महसूस हुआ कि किसी के जीवन में आप एक उपेक्षित व्यक्ति हैं?
2. यह जानकर कि परमेश्वर ने आपको चुना है, आप स्वयं के प्रति कैसे दृष्टिकोण बदलते हैं?

प्रार्थना घोषणा:

यीशु, मुझे चुनने के लिए आपका धन्यवाद। मैं भूला हुआ, अस्वीकार किया हुआ या बेतरतीब नहीं हूँ। मैं आपका हूँ। आज उस सत्य के भरोसे पर चलने में मेरी मदद करें। आमीन।

जर्नल प्रॉम्प्ट:

अपने जीवन के उन पांच क्षेत्रों को लिखें जहां आप अब यह विश्वास करना चुनते हैं: *"मैं चुना गया हूं।"*

टिप्पणियाँ:

दिन 9: चक्र को तोड़ना

पवित्रशास्त्र (एएमपी):

“देख, मैं एक नई बात करता हूँ! वह अभी प्रगट होनेवाली है; क्या तुम उसे नहीं समझते?” – यशायाह 43:19

माइकल की कहानी:

माइकल को एहसास हुआ कि वह वही सब दोहरा रहा था जिसके साथ वह बड़ा हुआ था - भावनात्मक दूरी, अविश्वास, मौन पीड़ा। लेकिन एक दिन, उसने कहा, *"यह मेरे साथ खत्म हो गया।"*

ग्रेस की कहानी:

ग्रेस ने हर स्वस्थ रिश्ते को दूर धकेल दिया था क्योंकि दर्द प्यार से ज़्यादा परिचित था। आखिरकार उसने कहा, *"अब और नहीं। मैं सच्चे प्यार के लायक हूँ।"*

भक्तिपूर्ण अंतर्दृष्टि:

चक्रों को तोड़ने की शक्ति देता है । जो आपको चोट पहुँचाता है,

वह अंतिम शब्द नहीं होगा। जो आपको नुकसान पहुँचाता है, वह आपको परिभाषित नहीं करता।

आप अपना इतिहास नहीं हैं। आप ईश्वर की नई शुरुआत हैं।

चिंतन प्रश्नः

1. आपके जीवन में कौन से पैटर्न अस्वीकृति पर आधारित हैं?
2. क्या आप उपचार चुनने के लिए तैयार हैं, भले ही वह अपरिचित लगे?

प्रार्थना घोषणाः

भगवान, मैं आपका धन्यवाद करता हूँ कि मैं अतीत से बंधा हुआ नहीं हूँ। मेरे अंदर अस्वीकृति, भय और अविश्वास के हर चक्र को तोड़ें। मैं घोषणा करता हूँ: यह मेरे साथ समाप्त होता है, और आज से ही उपचार शुरू होता है। आमीन।

जर्नल प्रॉम्प्टः

किसी पीढ़ीगत पैटर्न या व्यक्तिगत व्यवहार का वर्णन करें जिसे आप तोड़ने के लिए तैयार हैं। आपको क्या लगता है कि परमेश्वर कौन सी “नई चीज़” शुरू करना चाहता है?

टिप्पणियाँ:

दिन 10: क्षमा करने की शक्ति

पवित्रशास्त्र (NLT):

"एक दूसरे के अपराध क्षमा करो, और जो कोई तुम्हें ठेस पहुँचाए उसे क्षमा करो। स्मरण रखो, कि प्रभु ने तुम्हारे अपराध क्षमा किए, इसलिए तुम भी दूसरों को क्षमा करो।" – कुलुस्सियों 3:13

माइकल की कहानी:

माइकल अपने पिता को माफ़ नहीं करना चाहता था। लेकिन क्रोध को अपने मन में रखना उसे और भी ज़्यादा बांधे रखता था। माफ़ी का मतलब भूलना नहीं था - बल्कि दर्द की कैद से खुद को आज़ाद करना था।

ग्रेस की कहानी:

ग्रेस ने आखिरकार उस दोस्त को माफ़ कर दिया जिसने उसे धोखा दिया था - इसलिए नहीं कि वह इसके लायक थी, बल्कि इसलिए कि ग्रेस को शांति की ज़रूरत थी। माफ़ी उसके लिए आज़ादी का रास्ता बन गई।

भक्तिपूर्ण अंतर्दृष्टि:

क्षमा एक भावना नहीं है - यह एक **विकल्प है** । यह दर्द से इनकार नहीं है, बल्कि यह घोषणा है कि दर्द अब आपके जीवन पर राज नहीं करेगा।

आप जो हुआ उसके लिए बहाना नहीं बना रहे हैं। आप खुद को आगे बढ़ने के लिए **स्वतंत्र कर रहे हैं।**

चिंतन प्रश्न:

1. आपको किसे माफ़ करना चाहिए ताकि आप ठीक हो सकें?
2. आपको पूरी तरह से छोड़ देने से क्या रोकता है?

प्रार्थना घोषणा:

प्रभु, मैं क्षमा करना चुनता हूँ - इसलिए नहीं कि वे इसके लायक हैं, बल्कि इसलिए कि मैं उपचार चाहता हूँ। मुझे कड़वाहट से मुक्त करो, और मुझे फिर से प्यार करना सिखाओ। यीशु के नाम में, आमीन।

जर्नल प्रॉम्प्ट:

क्षमा का पत्र लिखें। ईमानदार रहें। फिर उस पर प्रार्थना करें और उस व्यक्ति को परमेश्वर के हाथों में सौंप दें।

टिप्पणियाँ:

दिन 11: कथा का पुनर्लेखन

पवित्रशास्त्र (NLT):

"इसका मतलब यह है कि जो कोई मसीह का है वह एक नया व्यक्ति बन गया है। पुराना जीवन चला गया है; एक नया जीवन शुरू हुआ है!" - 2 कुरिन्थियों 5:17

माइकल की कहानी:

माइकल हमेशा खुद को टूटा हुआ, दोषपूर्ण और अयोग्य मानता था। लेकिन जैसे-जैसे उसने परमेश्वर के वचन का अध्ययन किया, उसने अपने बारे में एक नई कहानी लिखनी शुरू की - जो आघात पर नहीं, बल्कि सच्चाई पर आधारित थी।

ग्रेस की कहानी:

ग्रेस को यह कहते हुए बड़ा किया गया कि वह "बहुत भावुक" है, "बहुत ज़्यादा।" सालों तक उसने खुद को छोटा करने की कोशिश की। लेकिन भगवान ने फुसफुसाया, *"तुम मेरी नज़र में बिलकुल सही हो।"*

भक्तिपूर्ण अंतर्दृष्टि:

अस्वीकृति झूठे लेबल लिखती है: *अप्रिय, अपर्याप्त, क्षतिग्रस्त।* लेकिन जब आप मसीह को स्वीकार करते हैं, तो आपको एक **नई पहचान दी जाती है** । परमेश्वर का वचन आपकी नई स्क्रिप्ट बन जाता है।

आप वह नहीं हैं जो दूसरों ने आपके साथ किया। आप वह नहीं हैं जो दूसरों ने आपके बारे में कहा। आप **ईश्वर की उत्कृष्ट कृति हैं जो प्रगति की ओर अग्रसर है।**

चिंतन प्रश्न:

1. आपने अपने बारे में कौन से झूठे नाम या लेबल पर विश्वास किया है?
2. परमेश्वर आपके बारे में क्या कहता है कि आप वास्तव में कौन हैं?

प्रार्थना घोषणा:

प्रभु, मैं उन झूठों को त्यागता हूँ जिनके अधीन मैं जी रहा हूँ। मैं अपना नया नाम, अपनी नई पहचान, अपना नया जीवन आप में

प्राप्त करता हूँ। मुझे उस व्यक्ति के रूप में जीने में मदद करें जिसके लिए आपने मुझे बनाया है। आमीन।

जर्नल प्रॉम्प्टः

अपने बारे में अपनी तीन गलत धारणाएँ लिखिए। फिर उनमें से प्रत्येक का खंडन करने के लिए कोई शास्त्र या सत्य लिखिए।

टिप्पणियाँ:

दिन 12: आप अकेले नहीं हैं

पवित्रशास्त्र (एएमपी):

"क्योंकि उसने [परमेश्वर ने] आप ही कहा है, 'मैं तुझे किसी रीति से धोखा न दूंगा, न छोड़ूंगा, न छोड़ूंगा, और न छोड़ूंगा...'" - इब्रानियों 13:5ब

माइकल की कहानी:

माइकल को लगता था कि उसे हर लड़ाई अकेले ही लड़नी होगी। लेकिन धीरे-धीरे उसे शांत क्षणों में ईश्वर की उपस्थिति का अहसास होने लगा - जो कभी नहीं छोड़ता, कभी नहीं छोड़ता।

ग्रेस की कहानी:

ग्रेस अंधेरे में अकेले रोती थी, यह सोचकर कि कोई नहीं देख रहा। एक रात उसने यह श्लोक पढ़ा और महसूस किया: *"ईश्वर हमेशा वहाँ था। मैंने कभी ध्यान नहीं दिया।"*

भक्तिपूर्ण अंतर्दृष्टि:

अकेलापन अस्वीकृति का सबसे बड़ा झूठ है। लेकिन सच तो यह है कि **ईश्वर आपके साथ है** - खामोशी में, दर्द में, अज्ञात में।

वह इम्मानुएल है, *परमेश्वर जो हमारे साथ है*, न केवल अच्छे समय में, बल्कि हर टूटी हुई जगह में।

चिंतन प्रश्न:

1. क्या आपने कभी यह माना है कि आप सचमुच अकेले हैं?
2. आप किन तरीकों से अपने साथ परमेश्वर की उपस्थिति के बारे में अधिक जागरूक हो सकते हैं?

प्रार्थना घोषणा:

हे परमेश्वर, मुझे कभी न छोड़ने के लिए आपका धन्यवाद। जब भी मैं अकेला महसूस करता था, आप वहाँ होते थे। हर मौसम में आपको देखने के लिए मेरी आँखें खोल दीजिए। आमीन।

जर्नल प्रॉम्प्ट:

उस पल के बारे में सोचें जब आपको लगा कि आप अकेले हैं, लेकिन बाद में आपको एहसास हुआ कि ईश्वर मौजूद थे। उस याद का वर्णन करें और बताएं कि उसने आपको क्या सिखाया।

टिप्पणियाँ:

दिन 13: बिना किसी शर्त के प्यार किया गया

पवित्रशास्त्र (NLT):

"परन्तु परमेश्वर ने हम पर अपने बड़े प्रेम को इस रीति से प्रगट किया, कि जब हम पापी ही थे, तब उसने मसीह को हमारे लिये मरने के लिये भेजा।" – रोमियों 5:8

माइकल की कहानी:

माइकल को हमेशा लगता था कि उसे प्यार कमाना है—प्रदर्शन, पूर्णता और दिखावा करके। जब वह असफल होता, तो उसे अस्वीकृति की उम्मीद होती। लेकिन परमेश्वर का प्यार कभी कम नहीं हुआ।

ग्रेस की कहानी:

ग्रेस ने परमेश्वर के पास आने से पहले खुद को सुधारने की कोशिश की। फिर एक दिन उसे एहसास हुआ, *"वह मुझसे पहले से ही प्यार करता था...इससे पहले कि मैं खुद को संभाल पाती।"*

भक्तिपूर्ण अंतर्दृष्टि:

परमेश्वर का प्रेम आपकी पूर्णता पर आधारित नहीं है - यह उसकी **कृपा में निहित** है। आपके सबसे बुरे दिन में भी आपसे उतना ही प्रेम किया जाता है जितना आपके सबसे अच्छे दिन में।

ऐसा कुछ भी नहीं है जो आप कर सकें जिससे परमेश्वर आपसे अधिक प्रेम करे - और ऐसा कुछ भी नहीं है जो आपने किया हो जिससे परमेश्वर आपसे कम प्रेम करे।

चिंतन प्रश्न:

1. आपने किन तरीकों से प्रेम “कमाने” की कोशिश की है—लोगों से या परमेश्वर से?
2. क्या आप तब भी प्रेम प्राप्त कर सकते हैं जब आप स्वयं को अयोग्य महसूस करते हैं?

प्रार्थना घोषणा:

पिता, बिना किसी शर्त के मुझसे प्यार करने के लिए मैं आपका धन्यवाद करता हूँ। मुझे संघर्ष करना बंद करने और आपके परिपूर्ण प्रेम में विश्राम करने में मदद करें। मैं आज इसे खुले दिल से स्वीकार करता हूँ। आमीन।

जर्नल प्रॉम्प्ट:

ईश्वर की ओर से अपने लिए एक पत्र लिखें, जिसकी शुरुआत इस प्रकार हो, *"मैं आपसे प्रेम करता हूँ क्योंकि..."* इसे ईमानदारी और शालीनता के साथ प्रवाहित होने दें।

टिप्पणियाँ:

दिन 14: जड़ जमाए, अस्वीकार नहीं

पवित्रशास्त्र (NLT):

“तुम्हारी जड़ें उसी में गहरी फैलती जाएं, और तुम्हारा जीवन उसी पर बना रहे।” – कुलुस्सियों 2:7a

माइकल की कहानी:

माइकल अक्सर अपनी पहचान लोगों की राय पर आधारित करता था - चाहे वह अच्छी हो या बुरी। लेकिन जब उसने खुद को मसीह में जड़ दिया, तो उसे वह स्थिरता मिली जिसकी उसे कभी ज़रूरत नहीं थी।

ग्रेस की कहानी:

"मैं कौन हूँ जब सिर्फ़ मैं और भगवान हैं?" तो वह आगे बढ़ने लगी।

भक्तिपूर्ण अंतर्दृष्टि:

जब आपकी पहचान अस्वीकृति में निहित होती है, तो जीवन

अस्थिर लगता है। लेकिन जब आप मसीह में अपना मूल्य स्थापित करते हैं, तो तूफान आते हैं - लेकिन वे आपको हिला नहीं पाते।

अपनी जड़ों को परमेश्वर के प्रेम और सत्य में गहराई तक बढ़ने दें। यहीं आपको **सुरक्षा** और **शक्ति मिलेगी** ।

चिंतन प्रश्न:

1. आप अपनी पहचान कहाँ स्थापित कर रहे हैं—परमेश्वर के वचन से या लोगों की स्वीकृति से?
2. कौन से अभ्यास आपको मसीह में निहित रहने में मदद कर सकते हैं?

प्रार्थना घोषणा:

हे प्रभु, मुझे अपने में गहराई से रोपें। मैं लोगों को खुश करने और तुलना करने की उथली मिट्टी को अस्वीकार करता हूँ। मेरी जड़ें आपकी सच्चाई में मजबूत हों। आमीन।

जर्नल प्रॉम्प्ट:

“मूल सत्यों” की एक सूची बनाएं - आधारभूत शास्त्र या प्रतिज्ञान जो आपको याद दिलाते हैं कि आप मसीह में कौन हैं।

टिप्पणियाँ:

दिन 15: निशान से कहानी तक

पवित्रशास्त्र (NLT):

"तुमने मुझे नुकसान पहुँचाने की योजना बनाई थी, लेकिन परमेश्वर ने यह सब भलाई के लिए सोचा। उसने मुझे इस पद पर इसलिए पहुँचाया ताकि मैं बहुत से लोगों की जान बचा सकूँ।"
- उत्पत्ति 50:20

माइकल की कहानी:

माइकल का सबसे बड़ा घाव उसका सबसे बड़ा संदेश बन गया। अब वह दूसरों को पिता के घावों से उबरने में मदद करता है, उन्हें याद दिलाता है, *"अगर भगवान मुझे ठीक कर सकता है, तो वह आपको भी ठीक कर सकता है।"*

ग्रेस की कहानी:

ग्रेस ने विश्वासघात से उबरने के बारे में एक ब्लॉग शुरू किया। जो चीज उसे कभी खामोश कर देती थी, अब उसे आवाज़ दे रही है। उसका घाव किसी और के लिए उम्मीद की किरण बन गया है।

भक्तिपूर्ण अंतर्दृष्टि:

आपके घाव शर्मनाक नहीं हैं - वे **जीवित रहने के सबूत** हैं। भगवान दर्द को व्यर्थ नहीं जाने देते। वे उसे बदल देते हैं। आपका उपचार दूसरों के लिए एक प्रकाशस्तंभ बन जाता है।

आपका पुनरुद्धार सिर्फ आपके लिए नहीं हो रहा है, बल्कि उन सभी के लिए हो रहा है, जिन्हें आपकी कहानी प्रभावित करेगी।

चिंतन प्रश्न:

1. परमेश्वर दूसरों की मदद करने के लिए किन दर्दनाक अनुभवों का इस्तेमाल करना चाहेगा?
2. क्या आप उसे अपने घावों को मुक्ति की कहानियों में बदलने की अनुमति देने के लिए तैयार हैं?

प्रार्थना घोषणा:

हे प्रभु, मेरे दर्द का उपयोग करने के लिए आपका धन्यवाद। मैं अपने घावों को आपको अर्पित करता हूँ - उन्हें आपकी महिमा के

लिए छुड़ाएँ। मेरी चंगाई दूसरों के लिए एक रोशनी बनो। आमीन।

जर्नल प्रॉम्प्ट:

अपनी गवाही एक पृष्ठ पर लिखें - पहले जीवन कैसा था, क्या हुआ, और अब परमेश्वर आपको कैसे चंगा कर रहा है।

टिप्पणियाँ:

दिन 16: क्षमा के माध्यम से उपचार

पवित्रशास्त्र (एएमपी):

"एक दूसरे पर कृपालु और सहायक बनो, और जैसे परमेश्वर ने मसीह में तुम्हारे अपराध क्षमा किए, वैसे ही तुम भी एक दूसरे के अपराध क्षमा करो।" – इफिसियों 4:32

माइकल की कहानी:

माइकल ने अपनी माँ के प्रति वर्षों तक क्रोध रखा। लेकिन उसे एहसास हुआ कि माफ़ी न देना उसके भविष्य को ज़हर दे रहा था। उसे रिहा करने से अतीत नहीं बदला - लेकिन इससे उसका दिल ठीक हो गया।

ग्रेस की कहानी:

ग्रेस ने ऐसे व्यक्ति को माफ़ कर दिया जिसने कभी माफ़ी नहीं मांगी। उसने सीखा कि माफ़ी उनकी आज़ादी के लिए नहीं थी - यह उसकी आज़ादी के लिए थी।

भक्तिपूर्ण अंतर्दृष्टि:

क्षमा न करना एक ऐसा बोझ है जो अस्वीकृति को जड़ से उखाड़ फेंकता है। लेकिन जब आप क्षमा करते हैं, तो आप उन जंजीरों को तोड़ देते हैं जो आपको अतीत से बांधती हैं।

क्षमा करना यह कहना नहीं है कि *"सब ठीक था"*। इसका मतलब है कि *"मैं तुम्हें छोड़ता हूँ ताकि मैं आज़ाद हो सकूँ।"*

चिंतन प्रश्न:

1. क्या ऐसा कोई व्यक्ति है जिसे माफ़ करने में आपको संघर्ष करना पड़ा है? क्यों?
2. उस बोझ के बिना आपका दिल कैसा महसूस करेगा?

प्रार्थना घोषणा:

प्रभु, मैं क्षमा करना चुनता हूँ। मैं दर्द, क्रोध, बदला लेने की इच्छा को छोड़ देता हूँ। मुझे भरोसा है कि आप न्याय और उपचार लाएँगे। मुझे मुक्त करो, यीशु के नाम में। आमीन।

जर्नल प्रॉम्प्ट:

क्षमा का पत्र लिखें (आपको इसे भेजने की आवश्यकता नहीं है)। अपने दिल की बात कह दें और जो आपको बांधे हुए है, उसे छोड़ दें।

टिप्पणियाँ:

दिन 17: पिता के प्रेम को अपनाना

पवित्रशास्त्र (NLT):

"देखो, हमारा पिता हम से कितना प्रेम रखता है, कि हमें अपनी सन्तान कहता है, और हम वही हैं!" – 1 यूहन्ना 3:1अ

माइकल की कहानी:

माइकल के पिता दूर के सांसारिक व्यक्ति थे, इसलिए उन्होंने मान लिया कि ईश्वर वही है। लेकिन समय के साथ, उन्हें एक स्वर्गीय पिता का पता चला जो उनके साथ रहा, उनकी बात सुनी और उनसे प्यार किया।

ग्रेस की कहानी:

ग्रेस को अपने पिता के बारे में कभी पता नहीं चला। लेकिन एक सुबह आराधना के दौरान, उसने महसूस किया कि उसकी बाहें उसके चारों ओर लिपटी हुई हैं - हालाँकि वहाँ कोई नहीं था। वह जानती थी: *"वह अब्बा पिता थे।"*

भक्तिपूर्ण अंतर्दृष्टि:

पिता का प्रेम अस्वीकृति को पुनः परिभाषित करता है। जहाँ दूसरे चले गए, वहाँ परमेश्वर बना रहता है। जहाँ दूसरे आपको अनदेखा करते हैं, वहाँ परमेश्वर ने आपको चुना है।

आप अनाथ नहीं हैं। आपको **गोद लिया गया है, स्वीकार किया गया है और आपका आदर किया गया है** ।

चिंतन प्रश्नः

1. परमेश्वर पिता के बारे में आपका क्या नज़रिया है? क्या यह सच्चाई को दर्शाता है या अतीत के ज़ख्मों को?
2. यदि आप एक प्यारे बच्चे की तरह जियें तो आपका जीवन किस प्रकार बदल जायेगा?

प्रार्थना घोषणाः

अब्बा पिता, मुझे आपका प्यार पाने में मदद करें - एक विचार के रूप में नहीं, बल्कि एक वास्तविकता के रूप में। आपकी मेरी छवि को ठीक करें। मुझे अपने आलिंगन में आराम करने दें। आमीन,

जर्नल प्रॉम्प्टः

एक डायरी प्रविष्टि ऐसे लिखें जैसे कि परमेश्वर आपका आदर्श पिता हो जो सीधे आपसे बात कर रहा हो।

टिप्पणियाँ:

दिन 18: आत्म-सम्मान बहाल करना

पवित्रशास्त्र (NLT):

“मुझे इतना शानदार ढंग से जटिल बनाने के लिए धन्यवाद! आपकी कारीगरी अद्भुत है - मैं इसे कितनी अच्छी तरह जानता हूँ।” – भजन 139:14

माइकल की कहानी:

माइकल ने कभी भी “पर्याप्त” महसूस नहीं किया। लेकिन जब उसने अध्ययन किया कि कैसे जानबूझकर परमेश्वर ने उसे बनाया है, तो उसने कोई और बनने की कोशिश करना बंद कर दिया और वह जो था उसे स्वीकार कर लिया।

ग्रेस की कहानी:

ग्रेस ने आईने में देखा और कहा, *"मैं अपनी गलतियों की वजह नहीं हूँ।"* उस पल से उसकी आत्म-सम्मान की यात्रा शुरू हुई।

भक्तिपूर्ण अंतर्दृष्टि:

अस्वीकृति आपके खुद के प्रति दृष्टिकोण को नुकसान पहुंचाती

है। लेकिन ईश्वर की सच्चाई आपके मूल्य को फिर से बनाती है। आप त्यागने योग्य नहीं हैं। आप **अद्भुत, उद्देश्यपूर्ण और मूल्यवान हैं** ।

चिंतन प्रश्नः

1. आपने अपने मूल्य के बारे में कौन से झूठ पर विश्वास किया है?
2. भजन 139 इस बारे में क्या बताता है कि परमेश्वर आपको किस नज़र से देखता है?

प्रार्थना घोषणाः

हे ईश्वर, मेरा आत्म-सम्मान बहाल करो। मुझे अपने द्वारा बनाए गए से प्रेम करना सिखाओ - मैं। शर्म की आवाज़ को शांत करो, और इसके बदले मुझे तुम्हारी खुशी सुनने दो। आमीन।

जर्नल प्रॉम्प्टः

अपने बारे में ऐसी पांच चीजें बताएं जिन्हें आप पसंद करते हैं (या करना चाहते हैं) - शरीर, मन, आत्मा या भावना।

टिप्पणियाँ:

दिन 19: स्वस्थ सीमाएँ बनाना

पवित्रशास्त्र (एएमपी):

“सब से अधिक अपने मन की रक्षा कर, क्योंकि जो कुछ तू करता है वह उसी से निकलता है।” – नीतिवचन 4:23

माइकल की कहानी:

माइकल हमेशा अस्वीकृति से बचने के लिए "हाँ" कहता था। लेकिन वह थक गया, कड़वा और थका हुआ था। "नहीं" कहना सीखना उसके द्वारा किया गया सबसे प्यारा काम था।

ग्रेस की कहानी:

ग्रेस ने लोगों को अपने ऊपर हावी होने दिया - जब तक उसे एहसास नहीं हुआ कि उसकी दयालुता कमज़ोरी नहीं है, बल्कि उसे सुरक्षा की ज़रूरत है। उसने सीमाएँ तय कीं और शांति पाई।

भक्तिपूर्ण अंतर्दृष्टि:

अपने हृदय की रक्षा करना सीखना । सीमाएं लोगों को बाहर

रखने के लिए दीवारें नहीं हैं - वे द्वार हैं जो आपकी शांति की रक्षा करते हैं और आपके मूल्य का सम्मान करते हैं।

सीमाएं कहती हैं: *"मैं तुमसे प्यार करता हूं और मैं खुद से भी प्यार करता हूं।"*

चिंतन प्रश्न:

1. आपके जीवन में कहां बेहतर सीमाओं की आवश्यकता है?
2. क्या ऐसे रिश्ते हैं जहां अस्वीकृति के डर से आपने अपनी शांति से समझौता कर लिया है?

प्रार्थना घोषणा:

हे प्रभु, मुझे खुद का सम्मान करके आपका सम्मान करने में मदद करें। मुझे ज़रूरत पड़ने पर 'नहीं' कहना और सही होने पर 'हाँ' कहना सिखाएँ। मुझे प्यार से सीमाएँ तय करने की शक्ति दें। आमीन।

जर्नल प्रॉम्प्ट:

एक व्यक्तिगत सीमा मानचित्र बनाएं - क्या ठीक है, क्या ठीक नहीं है, और आपको सुरक्षित और संपूर्ण महसूस करने के लिए क्या चाहिए।

टिप्पणियाँः

दिन 20: अपनी नई पहचान पर कायम रहना

पवित्रशास्त्र (एएमपी):

“इसलिए यदि कोई मसीह में है [अर्थात, उसमें कलम लगाया गया है, उद्धारकर्ता के रूप में उस पर विश्वास करके उससे जुड़ा हुआ है], वह एक नया प्राणी है [पवित्र आत्मा द्वारा पुनर्जन्म और नवीकरण]... ” – 2 कुरिन्थियों 5:17

माइकल की कहानी:

माइकल ने अब खुद को “समस्याओं से ग्रस्त व्यक्ति” के रूप में पेश नहीं किया। उन्होंने कहा, *“मैं मुक्त हो गया हूँ, बहाल हो गया हूँ, और एक मिशन पर हूँ।”*

ग्रेस की कहानी:

ग्रेस ने छोटा-मोटा खेल खेलना बंद कर दिया। वह यह जानते हुए कमरों में चली गई कि उसे चुना गया है - इसलिए नहीं कि वह कौन थी - बल्कि इसलिए कि वह *किसकी थी।*

भक्तिपूर्ण अंतर्दृष्टि:

अस्वीकृति ने आपकी पहचान को परिभाषित करने की कोशिश की। लेकिन **मुक्ति इसे फिर से लिखती है** । आप टूटे हुए, अस्वीकृत या भुलाए हुए नहीं हैं।

आप परमेश्वर की संतान हैं - पुनर्स्थापित, नवीनीकृत और उज्ज्वल।

चिंतन प्रश्नः

1. अब आप अपनी पहचान का वर्णन कैसे करेंगे?
2. कौन सी दैनिक आदतें आपको अपनी नई पहचान में मजबूती से खड़े रहने में मदद करती हैं?

प्रार्थना घोषणाः

यीशु, मैं पूरी तरह से उस पहचान में कदम रखता हूँ जो आपने मुझे दी है। मैं हर झूठे लेबल को पीछे छोड़ता हूँ और आपके प्रिय के रूप में साहसपूर्वक चलता हूँ। मेरा जीवन आपकी महिमा को प्रतिबिंबित करे। आमीन।

जर्नल प्रॉम्प्ट:

मसीह में अपनी पहचान एक पैराग्राफ में घोषित करें। इसे साहसपूर्वक बोलें और इसे ऐसी जगह रखें जहाँ आप इसे रोज़ाना पढ़ सकें।

टिप्पणियाँ:

दिन 21: अपनी आवाज़ वापस पाना

पवित्रशास्त्र (NLT):

“जीभ मृत्यु या जीवन दोनों लाती है; जो बातें करना पसंद करते हैं, उन्हें बुरा फल भोगना पड़ता है।” – नीतिवचन 18:21

माइकल की कहानी:

माइकल ने शांति बनाए रखने के लिए खुद को चुप करा लिया था। लेकिन उसे एहसास हुआ कि उसकी आवाज़ का मूल्य था। जब उसने बोलना शुरू किया तो उसकी गवाही ने दूसरों को आज़ाद करना शुरू कर दिया।

ग्रेस की कहानी:

ग्रेस ने हमेशा दूसरों को अपने लिए बोलने दिया। लेकिन जिस दिन उसने अपनी कहानी सबके सामने बताई, वह रो पड़ी - शर्म से नहीं, बल्कि अपने घाव भरने से।

भक्तिपूर्ण अंतर्दृष्टि:

अस्वीकृति अक्सर हमारी आवाज़ छीन लेती है। लेकिन उपचार इसे वापस लाता है। आपकी कहानी मायने रखती है। आपकी आवाज़ में शक्ति और उपचार है - आपके लिए और दूसरों के लिए।

अब आप बेज़ुबान नहीं हैं। आप *आशा के दूत हैं*।

चिंतन प्रश्न:

1. क्या आपने डर या अतीत की अस्वीकृति के कारण अपनी आवाज दबा ली है?
2. आपकी उपचार यात्रा ने आपको क्या संदेश साझा करने के लिए सक्षम बनाया है?

प्रार्थना घोषणा:

पिता, मुझे जीवन बोलने में मदद करें। मेरी आवाज़ को वापस लाएँ और मुझे आपके द्वारा किए गए कामों को साझा करने का साहस दें। मेरी कहानी दूसरों को आज़ादी दिलाए। आमीन।

जर्नल प्रॉम्प्ट:

अपनी गवाही का संक्षिप्त संस्करण लिखें - आप कहां से आये हैं और परमेश्वर आपको कहां ले जा रहा है।

टिप्पणियाँ:

दिन 22: पिछली गलतियों का प्रायश्चित

पवित्रशास्त्र (एएमपी):

"और हम जानते हैं [बड़े भरोसे के साथ] कि परमेश्वर [जो हमारे बारे में गहराई से चिंतित है] सब बातों को मिलकर भलाई ही को उत्पन्न करता है..." – रोमियों 8:28

माइकल की कहानी:

माइकल का मानना था कि उसके अतीत ने उसे अयोग्य ठहराया है। लेकिन परमेश्वर ने उसकी असफलताओं को उसके बुलावे की नींव के रूप में इस्तेमाल किया।

ग्रेस की कहानी:

ग्रेस को लगता था कि उसके टूटे हुए रिश्तों के इतिहास ने उसे बेकार बना दिया है। लेकिन परमेश्वर ने उसके दर्द को दूसरों के लिए उपचार के मंत्रालय में बदल दिया।

भक्तिपूर्ण अंतर्दृष्टि:

अस्वीकृति अक्सर हमें पछतावे से भर देती है। लेकिन परमेश्वर कुछ भी बरबाद नहीं करता—हमारी असफलताओं को भी नहीं। वह हमें छुड़ाता है, पुनर्स्थापित करता है, और हमारी कहानियों को फिर से लिखता है।

उसकी कृपा से परे कुछ भी नहीं है।

चिंतन प्रश्न:

1. कौन सी पुरानी गलतियाँ आज भी आपको शर्मिंदगी का कारण बनती हैं?
2. परमेश्वर उन्हीं अनुभवों को अपनी महिमा के लिए कैसे उपयोग करना चाहेगा?

प्रार्थना घोषणा:

हे प्रभु, आपका धन्यवाद कि कोई भी चीज़ मुझे आपके प्रेम से वंचित नहीं कर सकती। मेरे अतीत को सुधारें। मेरी कहानी का उपयोग अच्छे के लिए करें और मेरे टूटे हुएपन से सुंदरता बनाएँ। आमीन।

जर्नल प्रॉम्प्ट:

अपने अतीत के किसी एक पछतावे पर विचार करें। परमेश्वर से पूछें कि वह आपको बताए कि वह उसे कैसे दूर कर रहा है।

टिप्पणियाँ:

दिन 23: आंतरिक शांति प्राप्त करना

पवित्रशास्त्र (NLT):

"मैं तुम्हें एक उपहार देकर जा रहा हूँ - मन और हृदय की शांति। और जो शांति मैं देता हूँ वह एक ऐसा उपहार है जो संसार नहीं दे सकता..." - यूहन्ना 14:27

माइकल की कहानी:

माइकल चिंता और संदेह से ग्रस्त था। लेकिन परमेश्वर की उपस्थिति में, उसे एक शांति मिली जिसने उसे स्थिर रखा।

ग्रेस की कहानी:

ग्रेस चुप्पी से बचने के लिए व्यस्त रहती थी। लेकिन जब उसने आखिरकार अपनी गति धीमी की, तो उसे शांति मिली।

भक्तिपूर्ण अंतर्दृष्टि:

अस्वीकृति आंतरिक अशांति पैदा करती है - लेकिन यीशु आंतरिक शांति देता है। शांति संघर्ष की अनुपस्थिति नहीं है - यह मसीह की उपस्थिति है।

आप उसमें सुरक्षित हैं।

चिंतन प्रश्न:

1. कौन सी चीज़ सबसे अधिक बार आपकी शांति छीन लेती है?
2. प्रतिदिन परमेश्वर की शांति प्राप्त करने के लिए आप क्या कर सकते हैं?

प्रार्थना घोषणा:

यीशु, मेरी शांति बनो। मेरे अंदर के हर तूफान को शांत करो। तुम्हारी शांति मेरा वातावरण बन जाए। मुझे वह शांति मिलती है जो सिर्फ़ तुम ही दे सकते हो। आमीन।

जर्नल प्रॉम्प्ट:

इस सप्ताह किसी ऐसे पल का वर्णन करें जब आपने शांति महसूस की हो। उस पल में क्या योगदान था?

टिप्पणियाँ:

दिन 24: एक सहायक समुदाय का निर्माण

पवित्रशास्त्र (एएमपी):

"एक से दो अच्छे हैं... क्योंकि यदि उन में से कोई गिरे, तो दूसरा अपने साथी को उठाएगा।" – सभोपदेशक 4:9–10a

माइकल की कहानी:

माइकल ने अकेले ही ठीक होने की कोशिश की, लेकिन वह स्थिर हो गया। जब वह पुरुषों के समूह में शामिल हुआ, तो उसे साझा संघर्ष में ताकत मिली।

ग्रेस की कहानी:

ग्रेस को भरोसे की कमी थी। लेकिन धीरे-धीरे वह उन महिलाओं के समूह के सामने खुल गई जो उसकी जीवनरेखा बन गईं।

भक्तिपूर्ण अंतर्दृष्टि:

अस्वीकृति अलग-थलग कर देती है, लेकिन पुनर्बहाली समुदाय में होती है। आप अकेले जीवन जीने के लिए नहीं बने हैं।

सुरक्षित, सहायक रिश्ते आपके लिए परमेश्वर की उपचार योजना का हिस्सा हैं।

चिंतन प्रश्नः

1. क्या आपके पास ऐसे लोग हैं जो आपको आध्यात्मिक और भावनात्मक रूप से ऊपर उठाते हैं?
2. ईश्वरीय सम्बन्ध बनाने के लिए आप क्या कदम उठा सकते हैं?

प्रार्थना घोषणाः

हे प्रभु, मुझे सही लोगों के पास ले चलो। मुझे ऐसे समुदाय को खोजने और उसका पोषण करने में मदद करो जो आपके हृदय को प्रतिबिंबित करता हो। निकटता के मेरे डर को दूर करो। आमीन।

जर्नल प्रॉम्प्टः

उन लोगों की सूची बनाएँ जो आपकी उपचार यात्रा में आपका साथ देते हैं। उनके बारे में आप क्या आभारी हैं, लिखें या भविष्य में उनसे जुड़ने के लिए प्रार्थना लिखें।

टिप्पणियाँ:

दिन 25: शर्म के खिलाफ युद्ध की घोषणा

पवित्रशास्त्र (NLT):

"अतः अब जो मसीह यीशु के हैं, उन पर दण्ड की आज्ञा नहीं।" – रोमियों 8:1

माइकल की कहानी:

माइकल का अतीत उसे तब तक सताता रहा जब तक कि एक दिन उसने चिल्लाकर नहीं कहा, *"मैं वह नहीं हूँ जो मैं था - मैं वह हूँ जो वह कहता है कि मैं हूँ!"* उस क्षण उसके जीवन से शर्म टूट गई।

ग्रेस की कहानी:

ग्रेस ने शर्म को दूसरी त्वचा की तरह पहना था - जब तक कि वह आईने के सामने खड़ी नहीं हुई और उसने कहा, *"मैं खुद को माफ़ करती हूँ।"* पहली बार, उसने स्वतंत्र महसूस किया।

भक्तिपूर्ण अंतर्दृष्टि:

लज्जा कहती है, *"तुम अयोग्य हो।"* लेकिन यीशु कहते हैं, *"तुम्हें क्षमा किया गया, प्रेम किया गया, और नया बनाया गया।"*

अब तुम्हें शर्मिंदगी में जीने की ज़रूरत नहीं है। क्रूस का वचन ही अंतिम है।

चिंतन प्रश्न:

1. आपके जीवन के कौन से क्षेत्र अभी भी शर्म से दबे हुए हैं?
2. रोमियों 8:1 आपके विषय में कौन सी सच्चाई बताता है?

प्रार्थना घोषणा:

यीशु, मैं शर्म को अस्वीकार करता हूँ। मैं आपकी क्षमा और कृपा प्राप्त करता हूँ। मैं दोषी नहीं हूँ - मैं आप में शुद्ध, चुना हुआ और पूर्ण हूँ। आमीन।

जर्नल प्रॉम्प्ट:

अपने अतीत को एक पत्र लिखें - जो प्रेम, अनुग्रह और पुष्टि से भरा हो।

टिप्पणियाँ:

दिन 26: अपनी असली पहचान को अपनाना

पवित्रशास्त्र (एएमपी):

"परन्तु तुम एक चुना हुआ वंश, और राज-पदधारी याजकों का समाज, और एक पवित्र जाति, और परमेश्वर की निज प्रजा हो..." – 1 पतरस 2:9

माइकल की कहानी:

माइकल ने कई लेबल पहने थे - असफलता, निराशा, गलती। लेकिन मसीह में, उसने पाया कि वह राजसी था, न कि मलबे।

ग्रेस की कहानी:

ग्रेस दूसरों द्वारा लगाए गए लेबल के तहत रहती थी। लेकिन जब उसने ईश्वर की बेटी के रूप में अपनी पहचान स्वीकार की, तो उसका चेहरा बदल गया।

भक्तिपूर्ण अंतर्दृष्टि:

अस्वीकृति हमें नाम देने की कोशिश करती है - लेकिन भगवान

ने पहले ही नाम दे दिया है। वह हमें *चुना हुआ, प्रिय, संपूर्ण, अपना कहता है।* आप अपना अतीत नहीं हैं। आप वह नहीं हैं जो उन्होंने कहा था।

आप वही हैं जो *वह* कहते हैं।

चिंतन प्रश्न:

1. आपने अपने बारे में कौन से नकारात्मक लेबल स्वीकार कर लिए हैं?
2. परमेश्वर आपकी पहचान के बारे में क्या कहता है?

प्रार्थना घोषणा:

पिता, मैं हर झूठी पहचान को अस्वीकार करता हूँ। मैं स्वीकार करता हूँ कि आप मुझे क्या कहते हैं - प्रिय, चुना हुआ और मूल्यवान। मेरी पहचान आप में निहित हो। आमीन।

जर्नल प्रॉम्प्ट:

मसीह में आप कौन हैं, इसकी घोषणा लिखें। हर सुबह इसे ऊँची आवाज़ में बोलें।

टिप्पणियाँ:

दिन 27: क्षमाशीलता में चलना

पवित्रशास्त्र (NLT):

"एक दूसरे की गलतियों को क्षमा करो... याद रखो, प्रभु ने तुम्हें क्षमा किया है, इसलिए तुम भी दूसरों को क्षमा करो।" – कुलुस्सियों 3:13

माइकल की कहानी:

माइकल के मन में अपने पिता के प्रति कड़वाहट थी। लेकिन जब उसने उन्हें माफ़ कर दिया, तो उसके जीवन में सुधार तेज़ी से हुआ।

ग्रेस की कहानी:

ग्रेस ने अपनी माँ को एक पत्र लिखा, जिन्होंने कभी उसकी पुष्टि नहीं की। हालाँकि उसने कभी उसे भेजा नहीं, लेकिन उसके दिल में माफ़ी की भावना उमड़ पड़ी।

भक्तिपूर्ण अंतर्दृष्टि:

माफ़ी का मतलब चोट को अनदेखा करना नहीं है - इसका मतलब बंधन के बजाय आज़ादी को चुनना है। आप कड़वाहट की जंजीरों को ढोते हुए पुनर्स्थापना की ओर नहीं बढ़ सकते।

क्षमा *आपके लिए है* .

चिंतन प्रश्न:

1. आपको अब भी किसे माफ़ करने की ज़रूरत है—सच्चे दिल से?
2. आपको इसे छोड़ देने से कौन रोक रहा है?

प्रार्थना घोषणा:

प्रभु, मैं क्षमा करना चुनता हूँ। मैं चोट और व्यक्ति को छोड़ देता हूँ। आपकी आज्ञा का पालन करते हुए मेरे घावों को ठीक करें। मुझे स्वतंत्रता में चलने की कृपा प्रदान करें। आमीन।

जर्नल प्रॉम्प्ट:

किसी ऐसे व्यक्ति के लिए क्षमा प्रार्थना लिखें जिसने आपको बहुत दुख पहुंचाया हो।

टिप्पणियाँ:

दिन 28: साहस के साथ उद्देश्य की प्राप्ति

पवित्रशास्त्र (NLT):

"क्योंकि हम परमेश्वर की उत्कृष्ट कृति हैं। उसने हमें मसीह यीशु में नया बनाया है, ताकि हम उन भले कामों को करें जो उसने हमारे लिए तय किए हैं..." - इफिसियों 2:10

माइकल की कहानी:

माइकल ने कभी नहीं सोचा था कि परमेश्वर उसका उपयोग कर सकता है। लेकिन अब, वह टूटे हुए घरों से आए युवा पुरुषों को मार्गदर्शन देता है - ठीक वैसे ही जैसे वह पहले करता था।

ग्रेस की कहानी:

ग्रेस ने असुरक्षा से जूझ रही महिलाओं के लिए एक सहायता समूह शुरू किया। उनका दर्द ही उनका मंच बन गया।

भक्तिपूर्ण अंतर्दृष्टि:

हमारे लिए ही हमें ठीक नहीं करते । वे हमें ठीक करते हैं ताकि हम दूसरों को ठीक करने में मदद कर सकें। आपकी बहाली किसी और की बहाली से जुड़ी हुई है।

आप *प्रभाव के लिए अभिषिक्त हैं।*

चिंतन प्रश्नः

1. आपके दर्द से कौन सा जुनून उभरा है?
2. आप अपनी कहानी से दूसरों की सेवा कैसे शुरू कर सकते हैं?

प्रार्थना घोषणाः

पिता, मेरी यात्रा का उपयोग अपनी महिमा के लिए करें। मुझे दिखाएँ कि मुझे किसकी और कैसे सेवा करनी है। मेरे जीवन को उद्देश्यपूर्ण बनाइए। आमीन।

जर्नल प्रॉम्प्टः

तीन तरीके बताइए जिनसे आपका अतीत आज दूसरों की मदद कर सकता है। इस सप्ताह आप उनमें से एक पर अमल करने के लिए क्या करेंगे?

टिप्पणियाँ:

दिन 29: अविचलित सम्पूर्ण जीवन जीना

पवित्रशास्त्र (एएमपी):

"जिसका मन तुझ पर स्थिर रहता है, उसकी तू रक्षा करेगा और उसको पूर्ण और निरन्तर शान्ति के साथ रखेगा..." – यशायाह 26:3

माइकल की कहानी:

माइकल को जब अस्वीकार किया जाता था तो वह घबरा जाता था। अब, अस्वीकृति उसे प्रभावित नहीं करती - उसकी पहचान इतनी गहरी हो गई है कि उसे बदला नहीं जा सकता।

ग्रेस की कहानी:

ग्रेस को अब त्याग से कोई परेशानी नहीं होती। वह जानती है कि वह ईश्वर में सुरक्षित है, और उसकी शांति को कोई चुरा नहीं सकता।

भक्तिपूर्ण अंतर्दृष्टि:

संपूर्णता का मतलब पूर्णता नहीं है। यह तूफान में शांति है। जब आप मसीह में निहित होते हैं, तो अस्वीकृति दस्तक दे सकती है - लेकिन यह आपको उखाड़ नहीं सकती।

आप संपूर्ण हैं। आप अविचल हैं।

चिंतन प्रश्न:

1. ऐसी कौन सी स्थिति है जो पहले आपको झकझोर देती थी, लेकिन अब नहीं?
2. जब जीवन अस्थिर हो जाए तो आपका सहारा क्या है?

प्रार्थना घोषणा:

प्रभु, मैं आपकी संपूर्णता को स्वीकार करता हूँ। आपकी शांति मेरे हृदय और मन की रक्षा करे। मुझे आप में अडिग बनाए रखें। आमीन।

जर्नल प्रॉम्प्ट:

इस यात्रा के पहले दिन से अब तक आपमें क्या बदलाव आया है, इसके बारे में लिखें।

टिप्पणियाँ:

दिन 30: दूसरों को चंगा करने का आदेश

पवित्रशास्त्र (NLT):

"वह हमारे सब क्लेशों में हमें शान्ति देता है ताकि हम औरों को शान्ति दे सकें..." – 2 कुरिन्थियों 1:4

माइकल की कहानी:

माइकल ने कभी नेता बनने की कल्पना नहीं की थी। लेकिन अब वह यात्रा करके लोगों को बताता है कि कैसे परमेश्वर उसके जैसे दिलों को ठीक करता है।

ग्रेस की कहानी:

ग्रेस आघात से उबरने वाली महिलाओं के लिए रिट्रीट का नेतृत्व करती हैं। उनके घाव उनके लिए पवित्र आह्वान बन गए।

भक्तिपूर्ण अंतर्दृष्टि:

यह अंत नहीं है - यह एक शुरुआत है। आपकी पुनर्स्थापना यात्रा अब आपकी *सेवकाई है*। आपको *बुलाया गया है*, *सुसज्जित किया गया है*, और *भेजा गया है*।

आप उपचार का एक साधन हैं।

चिंतन प्रश्न:

1. अभी आपकी कहानी किसे सुनने की ज़रूरत है?
2. आपको जो उपचार मिला है, उसका आप क्या करेंगे?

प्रार्थना घोषणा:

पिता, मुझे पुनःस्थापित करने के लिए आपका धन्यवाद। मैं आपका आह्वान स्वीकार करता हूँ। मुझे प्रकाश और अंधकार में रहने वाले अन्य लोगों के लिए आशा का एक माध्यम बनाइए। आमीन।

जर्नल प्रॉम्प्ट:

परमेश्वर की ओर से अपना “नियुक्ति पत्र” लिखें। वह आपको यहाँ से क्या करने के लिए बुला रहा है?

टिप्पणियाँ:

निष्कर्ष: पुनर्स्थापना से उद्देश्य तक

आप बहुत आगे आ गए हैं। तीस दिन पहले, आपने अस्वीकृति का बोझ उठाते हुए यह यात्रा शुरू की थी - कुछ घाव अभी भी ताज़ा थे, कुछ सालों की चुप्पी के नीचे दबे हुए थे। लेकिन दिन-ब-दिन, सच्चाई से सच्चाई, आपने दर्द का सामना किया है, अपना दिल खोला है, और जो टूटा हुआ था उसे ठीक करने के लिए भगवान को आमंत्रित किया है।

अब, कुछ बदल गया है। अब आप अस्वीकृति से परिभाषित नहीं हैं - आप **मुक्ति से चिह्नित हैं** ।

आपसे **प्रेम किया जाता है** - आपने जो किया है उसके लिए नहीं, बल्कि मसीह में आप जो हैं उसके लिए।
आप **चुने गए हैं** - ऐसे समय के लिए परमेश्वर द्वारा चुने गए हैं।
आप **संपूर्ण हैं** - भीतर से बहाल हुए हैं, अब आप अपने अतीत के कैदी नहीं हैं।

लेकिन यह अंत नहीं है - **यह आपकी नई शुरुआत है।**

जैसे ही आप अपने जीवन के अगले चरण में कदम रखते हैं, आप नए आत्मविश्वास, आध्यात्मिक स्पष्टता और अटूट शांति के साथ आगे बढ़ते हैं। अपने घावों को अपनी गवाही बनने दें। अपने दर्द को अपने उद्देश्य को बढ़ावा देने दें। जिस ईश्वर ने आपको चंगा किया है, वही ईश्वर अब आपको दूसरों के उपचार के साधन के रूप में उपयोग करें।

आप एक उपचारक बनने के लिए ठीक हो गए हैं।

वचन में बने रहें। समुदाय में बने रहें। अपने बुलावे में आगे बढ़ें। आपकी आज्ञाकारिता के दूसरी तरफ अभी भी कई जीवन प्रतीक्षा कर रहे हैं। आपने पुनर्स्थापना का स्वाद चखा है - अब इसमें जिएँ, इसमें बढ़ें और इसे दुनिया के साथ साझा करें।

अस्वीकृति से बहाली तक। टूटे हुए से संपूर्ण तक। जीवित रहने से लेकर संपन्न होने तक।
यह अब आपकी कहानी है।

पूरे दिल से,
ज़कारियास गॉडसीगल ; राजदूत मंडे ओ. ओगबे और कम्फर्ट लाडी ओगबे
गॉड्स ईगल मिनिस्ट्रीज़ – GEMs
www.otakada.org

प्यार, चुना हुआ और संपूर्ण: अस्वीकृति से पुनर्स्थापना तक 30-दिन की यात्रा

बिली ग्राहम द्वारा दोबारा जन्म कैसे लें

दोबारा जन्म कैसे लें

बिली ग्राहम द्वारा

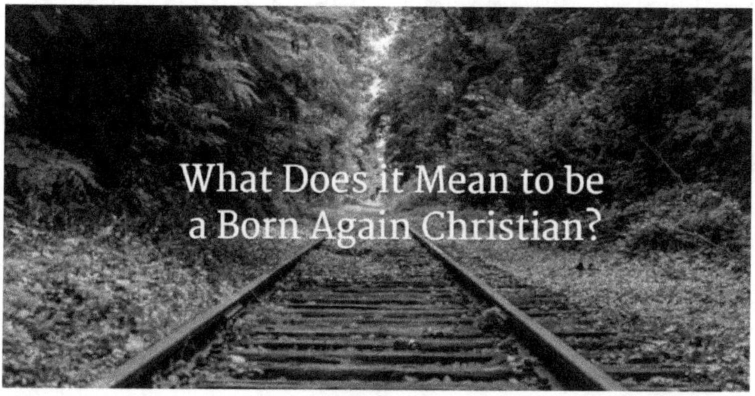

नीकुदेमुस नाम का एक आदमी रात में यीशु के पास आया। शायद वह आलोचना से डरता था या उसे निजी बातचीत की इच्छा थी, या शायद वह यीशु मसीह के प्रति खुद को समर्पित करने से पहले और अधिक जानना चाहता था। किसी भी स्थिति में, वह आया और यीशु से कुछ सवाल पूछे।

यीशु ने उसकी ओर देखा और कहा, "नीकुदेमुस, तुम्हें फिर से जन्म लेना होगा" (देखें यूहन्ना 3:5)। वास्तव में, उसने कहा, "सचमुच, सचमुच" - और जब भी यीशु ने इस अभिव्यक्ति का

इस्तेमाल किया, तो उसका मतलब था कि आगे जो होने वाला था वह बहुत महत्वपूर्ण था। उसने कहा, "सचमुच, सचमुच, मैं तुमसे कहता हूँ ... तुम्हें फिर से जन्म लेना होगा" (यूहन्ना 3:5,7, केजेवी)।

क्या आपका फिर से जन्म हुआ है? **इसे धर्म परिवर्तन कहें, इसे प्रतिबद्धता कहें, इसे पश्चाताप कहें** , इसे बचाए जाने कहें, लेकिन क्या यह आपके साथ हुआ है? क्या मसीह आपके दिल में रहता है? क्या आप इसे जानते हैं? बहुत से लोगों ने धर्म और ईसाई धर्म के बारे में लंबे समय तक सोचा है और फिर भी कभी कोई प्रतिबद्धता नहीं जताई है। क्या आप यीशु मसीह के प्रति प्रतिबद्ध हैं?

जब यीशु ने कहा, "तुम्हें फिर से जन्म लेना होगा" तो निकोदेमुस को आश्चर्य हुआ होगा। अगर मसीह ने यह बात कर वसूलने वाले जक्कई से या क्रूस पर चढ़े चोर से या व्यभिचार में पकड़ी गई महिला से कही होती तो यह चौंकाने वाली बात नहीं होती। लेकिन निकोदेमुस अपने समय के महान धार्मिक नेताओं में से एक था। फिर भी, वह वास्तविकता की खोज कर रहा था।

आप चर्च जा सकते हैं, लेकिन शायद आप अभी भी खोज कर रहे हैं। आपके दिल में एक खाली जगह है, और अंदर कुछ आपको बताता है कि आप वास्तव में भगवान के साथ सही नहीं हैं। नीकुदेमुस सप्ताह में दो दिन उपवास करता था। वह हर दिन दो घंटे प्रार्थना में बिताता था। वह दशमांश देता था। यीशु ने क्यों

कहा कि नीकुदेमुस को फिर से जन्म लेना चाहिए? क्योंकि वह नीकुदेमुस के दिल को पढ़ सकता था। यीशु ने देखा कि नीकुदेमुस ने खुद को धर्म के साथ ढक लिया था लेकिन अभी तक उसे भगवान के साथ संगति नहीं मिली थी।

हमारी समस्याओं की जड़

दुनिया में हमारी सारी परेशानियों का कारण क्या है - झूठ बोलना, धोखा देना, नफरत करना, पक्षपात करना, सामाजिक असमानता और युद्ध? यीशु ने कहा, "परन्तु जो बातें मुँह से निकलती हैं, वे मन से निकलती हैं, और मनुष्य को अशुद्ध करती हैं" (मत्ती 15:18)। उन्होंने कहा कि समस्या हमारे हृदय में है; हमारे हृदय को बदलने की आवश्यकता है।

मनोवैज्ञानिक, समाजशास्त्री और मनोचिकित्सक सभी मानते हैं कि मानवजाति में कुछ गड़बड़ है। पवित्रशास्त्र में कई शब्द इसका वर्णन करते हैं। उनमें से एक शब्द है **उल्लंघन** : "पाप व्यवस्था का उल्लंघन है" (1 यूहन्ना 3:4, KJV)। कौन सा कानून? मूसा का कानून, दस आज्ञाएँ। क्या आपने कभी उन आज्ञाओं में से एक को तोड़ा है? तो आप उन सभी को तोड़ने के दोषी हैं (याकूब 2:10)।

पाप शब्द का अर्थ है लक्ष्य से चूक जाना, अपने कर्तव्य से पीछे हट जाना, जो हमें करना चाहिए उसे न कर पाना। बाइबल कहती है, "सारी अधर्मता पाप है" (1 यूहन्ना 5:17, KJV)। और फिर भी

स्वर्ग जाने से पहले, हमारे पास धार्मिकता होनी चाहिए। परमेश्वर कहता है, "जैसा मैं सिद्ध हूँ वैसा ही सिद्ध बनो, जैसा मैं पवित्र हूँ वैसा ही पवित्र बनो" (मत्ती 5:48, 1 पतरस 1:16)।

हमें वह पूर्णता कहाँ से मिलेगी? अभी हमारे पास वह नहीं है, फिर भी अगर हमारे पास वह नहीं है तो हम स्वर्ग नहीं जा सकते। इसीलिए मसीह क्रूस पर मरा; उसने अपना लहू बहाया और हमारे लिए धार्मिकता प्रदान करने के लिए फिर से जी उठा।

दूसरा शब्द है **अधर्म** , जिसका अर्थ है सीधे मार्ग से हट जाना। यशायाह ने कहा, "हम तो सब के सब भेड़ों के समान भटक गए थे; हम में से हर एक ने अपना अपना मार्ग लिया; और यहोवा ने हम सभों के अधर्म का बोझ उसी पर लाद दिया" (यशायाह 53:6)।

बाइबल कहती है, "इसलिए, जैसा एक मनुष्य के द्वारा पाप जगत में आया, और पाप के द्वारा मृत्यु आई... इस प्रकार मृत्यु सब मनुष्यों में फैल गई, क्योंकि सब ने पाप किया" (रोमियों 5:12)। हर व्यक्ति को एक क्रांतिकारी परिवर्तन की आवश्यकता है। हमें अपने पापों की क्षमा की आवश्यकता है; हमें परमेश्वर की धार्मिकता के वस्त्र पहनने की आवश्यकता है। इस जीवन में पूर्णता पाने के लिए हमें खुद को प्रतिबद्ध करने के लिए कुछ खोजने की आवश्यकता है। क्या आप एक प्रतिबद्ध व्यक्ति हैं? आप किसके लिए प्रतिबद्ध हैं? आप मसीह को अपना उद्देश्य

क्यों नहीं बनाते और उसका अनुसरण क्यों नहीं करते? वह आपको कभी निराश नहीं करेगा।

नया जन्म

कुछ लोग सवाल पूछते हैं: नया जन्म क्या है? नीकुदेमुस ने भी यही सवाल पूछा: "एक आदमी बूढ़ा हो जाने पर कैसे जन्म ले सकता है?" वह इसे समझना चाहता था।

मेरा जन्म और पालन-पोषण एक डेयरी फार्म में हुआ। एक काली गाय हरी घास कैसे खा सकती है और सफ़ेद दूध और पीला मक्खन कैसे दे सकती है? मुझे यह समझ में नहीं आता। मैं कह सकता हूँ, "क्योंकि मुझे यह समझ में नहीं आता, इसलिए मैं फिर कभी दूध नहीं पीऊँगा।" और आप कहेंगे, "तुम पागल हो।"

मैं इसे समझ नहीं पाया, लेकिन मैं इसे विश्वास से स्वीकार करता हूँ। निकोदेमुस केवल भौतिक और भौतिक चीज़ों को देख सकता था, लेकिन यीशु आध्यात्मिक चीज़ों के बारे में बात कर रहे थे।

नया जन्म कैसे प्राप्त होता है? हम नया जन्म विरासत में नहीं पा सकते। बाइबल कहती है कि जो लोग फिर से जन्म लेते हैं, वे "न तो खून से, न शरीर की इच्छा से, न मनुष्य की इच्छा से, बल्कि परमेश्वर से पैदा हुए हैं" (यूहन्ना 1:13)। हमारे पिता और माताएँ दुनिया में सबसे महान पुनर्जन्म वाले ईसाई हो सकते हैं, लेकिन इसका मतलब यह नहीं है कि हम भी फिर से जन्म लेने

वाले ईसाई हैं। बहुत से लोगों का यह विचार है कि चूँकि वे एक ईसाई घर में पैदा हुए हैं, इसलिए वे स्वतः ही ईसाई हैं। ऐसा नहीं है।

हम परमेश्वर तक पहुँचने के लिए काम भी नहीं कर सकते। बाइबल कहती है कि उद्धार "हमारे द्वारा किए गए धार्मिकता के कामों से नहीं, बल्कि उसकी दया के अनुसार हमें उद्धार देता है, नए जन्म के स्नान और पवित्र आत्मा के नवीनीकरण के द्वारा" (तीतुस 3:5)।

न ही सुधार ही काफी है। हम कह सकते हैं, "मैं एक नया पृष्ठ खोलने जा रहा हूँ," या "मैं नए साल के संकल्प लेने जा रहा हूँ।" लेकिन यशायाह ने कहा कि परमेश्वर की दृष्टि में "हमारे सारे धार्मिकताएँ मैले चिथड़ों के समान हैं" (यशायाह 64:6)।

हममें से कुछ लोग बाहरी तौर पर कुछ सामाजिक मानकों या व्यवहार के अनुरूप बदल गए हैं, जो हमारे चर्चों में हमसे अपेक्षित हैं, लेकिन अंदर से हम कभी नहीं बदले हैं। यही बात यीशु नीकुदेमुस से कह रहे थे। उन्होंने कहा, "नीकुदेमुस, तुम्हें अंदर से बदलने की ज़रूरत है," और केवल पवित्र आत्मा ही ऐसा कर सकता है। ऊपर से जन्म लेना ईश्वर का एक अलौकिक कार्य है। पवित्र आत्मा हमें हमारे पापों के लिए दोषी ठहराता है; वह हमें परेशान करता है क्योंकि हमने ईश्वर के विरुद्ध पाप किया है। और फिर पवित्र आत्मा हमें पुनर्जीवित करता है। तब हम फिर से जन्म लेते हैं। पवित्र आत्मा हमारे दिलों में रहने के लिए

आता है ताकि हमारे दैनिक जीवन में हमारी मदद कर सके। ईश्वर की आत्मा हमें आश्वासन देती है, हमें खुशी देती है, हमारे जीवन में फल पैदा करती है और हमें शास्त्र सिखाती है।

कुछ लोग मसीह की नकल करने की कोशिश करते हैं। उन्हें लगता है कि हमें बस यीशु का अनुसरण करने और उनके द्वारा किए गए कामों को करने की कोशिश करनी है, और हम स्वर्ग में पहुँच जाएँगे। लेकिन हम ऐसा नहीं कर सकते। हम धार्मिक गीत जानते होंगे। हम प्रार्थनाएँ भी कर सकते हैं। लेकिन अगर हम क्रूस के नीचे नहीं गए हैं, तो हमारा दोबारा जन्म नहीं हुआ है। यही वह संदेश है जो यीशु हमें सिखाने की कोशिश कर रहे हैं।

फिर से जन्म लेने का मतलब है कि "[परमेश्वर] तुम्हें नया हृदय देगा और तुम्हारे भीतर नई आत्मा डालेगा" (यहेजकेल 36:26)। "पुरानी बातें बीत गई हैं; देखो, सब कुछ नया हो गया है" (2 कुरिन्थियों 5:17)। हम "ईश्वरीय स्वभाव के सहभागी हैं" (2 पतरस 1:4); हम "मृत्यु से जीवन में प्रवेश कर चुके हैं" (यूहन्ना 5:24)। नया जन्म हमारे दर्शन और जीवन जीने के तरीके में बदलाव लाता है।

रहस्य

नए जन्म में एक रहस्य है। यीशु ने कहा, "हवा जहाँ चाहती है वहाँ चलती है, और तुम उसकी आवाज़ सुनते हो, लेकिन यह नहीं जानते कि वह कहाँ से आती है और कहाँ जाती है" (यूहन्ना 3:8)।

लेकिन आप परिणाम देख सकते हैं। यीशु ने नीकुदेमुस को नए जन्म के बारे में समझाने का प्रयास नहीं किया; हमारा सीमित दिमाग अनंत को नहीं समझ सकता। हम सरल बालसुलभ विश्वास से आते हैं, और हम यीशु मसीह में अपना विश्वास रखते हैं। जब हम ऐसा करते हैं, तो हम फिर से जन्म लेते हैं।

क्या आप अपने उद्धार के प्रति आश्वस्त हैं?

यह इस तरह से होता है। सबसे पहले हमें परमेश्वर का वचन सुनना होगा। "विश्वास सुनने से आता है, और सुनना परमेश्वर के वचन से होता है" (रोमियों 10:17)। यह पहला कदम है। " प्रचारित संदेश की मूर्खता के माध्यम से परमेश्वर को यह अच्छा लगा कि विश्वास करने वालों को बचाए" (1 कुरिन्थियों 1:21)। यह मूर्खतापूर्ण लगता है कि बाइबल के शब्दों में हमारे दिलों को भेदने और हमारे जीवन को बदलने की शक्ति है, लेकिन ऐसा होता है, क्योंकि वे परमेश्वर के पवित्र शब्द हैं।

फिर पवित्र आत्मा का कार्य है। वह हमें दोषी ठहराता है: "और जब वह आएगा, तो संसार को पाप और धार्मिकता और न्याय के विषय में दोषी ठहराएगा" (यूहन्ना 16:8)। वह हमें बदल देता है। वह हमारी इच्छाओं, हमारे स्नेह, जीने के हमारे उद्देश्यों, हमारे स्वभाव को बदल देता है। वह हमें एक नया उद्देश्य और नए लक्ष्य देता है। "पुरानी बातें बीत जाती हैं, और सब कुछ नया हो जाता है" (2 कुरिन्थियों 5:17 से तुलना करें)। फिर वह हमारे भीतर वास करता है: "क्या तुम नहीं जानते कि तुम परमेश्वर के

मंदिर हो और परमेश्वर का आत्मा तुम में वास करता है?" क्या परमेश्वर पवित्र आत्मा तुम में वास करता है?

यीशु मसीह कहते हैं कि हमें फिर से जन्म लेना चाहिए। हम फिर से कैसे जन्म लेते हैं? पाप का पश्चाताप करके। इसका मतलब है कि हम अपने जीने के तरीके को बदलने के लिए तैयार हैं। हम परमेश्वर से कहते हैं, "मैं एक पापी हूँ, और मुझे खेद है।" यह सरल और बचकाना है। फिर विश्वास के द्वारा हम यीशु मसीह को अपने प्रभु, स्वामी और उद्धारकर्ता के रूप में स्वीकार करते हैं। हम आज्ञाकारिता के एक नए जीवन में उसका अनुसरण करने के लिए तैयार हैं, जिसमें पवित्र आत्मा हमें बाइबल पढ़ने और प्रार्थना करने और गवाही देने में मदद करती है।

यदि आपके मन में इस बात को लेकर संदेह है कि क्या आपका नया जन्म हुआ है, तो मैं आशा करता हूँ कि आप इसे अभी सुलझा लेंगे, क्योंकि 2 कुरिन्थियों 6:2 में बाइबल कहती है, “अभी स्वीकार करने का समय है; ... [आज] उद्धार का दिन है।”

“मैं पापी हूं और मुझे खेद है।

क्या आप भविष्य को लेकर चिंतित हैं? क्या आप किसी व्यक्तिगत या आध्यात्मिक समस्या से जूझ रहे हैं जो कल के बारे में चिंता, अनिश्चितता या भय का कारण बन रही है? दर्जनों विषयों और प्रश्नों को ब्राउज़ करें और अभी से एक अधिक शांतिपूर्ण जीवन की अपनी यात्रा शुरू करें।

उत्तर खोज रहे हैं?

क्या परमेश्वर आपके हृदय को खींच रहा है? क्या आप वास्तविक और स्थायी शांति के लिए तैयार हैं जो केवल एक सच्चे परमेश्वर के साथ संबंध के माध्यम से आती है? आज ही उसकी ओर एक कदम बढ़ाएँ।

परमेश्वर के साथ शांति पा सकते हैं

शांति क्या है?

बहुत से लोग किसी और चीज़ से ज़्यादा एक चीज़ के लिए प्रयास करते हैं - शांति। वे इसकी तलाश इसलिए करते हैं क्योंकि उनके जीवन में कोई स्थायी आराम या आज़ादी नहीं है। ऐसा लगता है कि वे हमेशा अशांत रहते हैं। बाइबल मुख्य रूप से तीन तरीकों से शांति को परिभाषित करती है।

मनोवैज्ञानिक शांति, भीतर का आराम।
रिश्तों की शांति, मानवता के बीच सामंजस्य।
आध्यात्मिक शांति, जो ईश्वर और मनुष्य के बीच है।

बाइबल बताती है कि पाप किस तरह तीनों तरह की शांति को नुकसान पहूँचाता है या मिटा देता है। जब परमेश्वर ने मनुष्य को बनाया, तो वह परमेश्वर, खुद और बाकी सभी के साथ शांति में था। हालाँकि, जब वह परमेश्वर के खिलाफ हो गया, तो वह

शांति खो गई। शांति बहाल की जा सकती है, लेकिन हम इसे अकेले नहीं कर सकते। परमेश्वर ने एक रास्ता प्रदान किया है।

यीशु मसीह, परमेश्वर के इकलौते पुत्र, को हमारे पापों को दूर करने के लिए हमारी दुनिया में भेजा गया था। उसने खुद को क्रूस पर चढ़ने देकर ऐसा किया, और यह वह बलिदान था जिसने हमारे लिए फिर से शांति प्राप्त करना संभव बनाया - अपने भीतर शांति, एक-दूसरे के साथ शांति और परमेश्वर के साथ शांति।

यीशु के क्रूस पर मरने के बाद, वह फिर से जीवित हो गया। इससे यह साबित हुआ कि यीशु परमेश्वर है, लेकिन यह भी स्पष्ट हो गया कि वह चाहता है कि सभी को पूर्ण शांति मिले। "क्योंकि वह स्वयं हमारी शांति है, ... और उसने आकर तुम्हें जो दूर थे, शांति का और उन्हें जो निकट थे, शांति का संदेश दिया" (इफिसियों 2:14-17)।

यीशु हममें से हर एक को हर तरह के पाप पर विजय पाने की शक्ति देता है। चाहे आपकी परिस्थिति कितनी भी कठिन क्यों न हो, मसीह उससे पार पा सकता है। लेकिन आपको पहले अपने पाप को स्वीकार करना होगा और यीशु के प्रति समर्पित होना होगा, तभी आप पूर्ण शांति पा सकेंगे और उसका अर्थ जान सकेंगे।

यीशु ने कहा, "मैंने ये सब तुम्हें इसलिए बताया है कि तुम मुझमें शांति पाओ" (यूहन्ना 16:33)। शांति पाने के लिए, आपको उसे जानना होगा जो इसे दे सकता है।

क्या आप यीशु द्वारा दी जाने वाली शांति के लिए तैयार हैं?

आगे और अधिक स्पष्टता के लिए तथा यीशु मसीह में अपना नया जीवन शुरू करने के लिए नीचे दिए गए योगदान:

मसीह के साथ अपना नया जीवन शुरू करें

यीशु मसीह के साथ संबंध के ज़रिए आप आज ही वास्तविक, स्थायी शांति पा सकते हैं। अपनी चार-चरणीय यात्रा अभी शुरू करें!

चरण 1 – परमेश्वर का उद्देश्य: शांति और जीवन

परमेश्वर आपसे प्रेम करता है और चाहता है कि आप शांति और अनंत जीवन का अनुभव करें—भरपूर और अनंत।
बाइबल कहती है:

"हमारे प्रभु यीशु मसीह के द्वारा परमेश्वर के साथ मेल है।"
रोमियों 5:1

"क्योंकि परमेश्वर ने जगत से ऐसा प्रेम रखा कि उसने अपना एकलौता पुत्र दे दिया, ताकि जो कोई उस पर विश्वास करे, वह नाश न हो, परन्तु अनन्त जीवन पाए।"
यूहन्ना 3:16

"मैं [यीशु] इसलिये आया कि वे जीवन पाएं, और बहुतायत से पाएं।"
यूहन्ना 10:10

अधिकांश लोगों को वह शांति और भरपूर जीवन क्यों नहीं मिलता जो परमेश्वर ने हमारे लिए योजना बनाई थी?

चरण 2 – समस्या: पाप हमें अलग करता है

परमेश्वर ने हमें अपनी छवि में बनाया है ताकि हम भरपूर जीवन जी सकें। उसने हमें रोबोट की तरह नहीं बनाया है कि हम अपने आप उससे प्रेम करें और उसकी आज्ञा मानें। परमेश्वर ने हमें इच्छा और चुनाव की स्वतंत्रता दी है। हम परमेश्वर की अवज्ञा करना और अपनी मर्जी से चलना चुनते हैं। हम आज भी यही चुनाव करते हैं। इसका नतीजा परमेश्वर से अलगाव होता है।
बाइबल कहती है:

"क्योंकि सब ने पाप किया है और परमेश्वर की महिमा से रहित हैं।"
रोमियों 3:23

"क्योंकि पाप की मजदूरी तो मृत्यु है, परन्तु परमेश्वर का वरदान हमारे प्रभु मसीह यीशु में अनन्त जीवन है।"
रोमियों 6:23

हमारे चुनाव का नतीजा ईश्वर से अलगाव होता है। लोगों ने अपने और ईश्वर के बीच की इस दूरी को पाटने के लिए कई तरह से कोशिश की है...
बाइबल कहती है:

"ऐसा मार्ग है, जो मनुष्य को ठीक जान पड़ता है, परन्तु उसके अन्त में मृत्यु ही मिलती है।"
नीतिवचन 14:12

परन्तु तुम्हारे अधर्म के कामों ने तुम्हें और तुम्हारे परमेश्वर के बीच में अलग कर दिया है, और तुम्हारे पापों के कारण उसका मुख तुम से ऐसा छिपा है कि वह सुनता ही नहीं।"
यशायाह 59:2

कोई भी पुल ईश्वर तक नहीं पहुंचता... सिवाय एक के।

चरण 3 – परमेश्वर का उपायः क्रूस

यीशु मसीह क्रूस पर मरे और कब्र से उठे। उन्होंने हमारे पापों की सज़ा चुकाई और परमेश्वर और लोगों के बीच की खाई को पाट दिया।
बाइबल कहती है:

"क्योंकि परमेश्वर एक ही है, और परमेश्वर और मनुष्यों के बीच में भी एक ही बिचवई है, अर्थात् मसीह यीशु जो मनुष्य है।"
1 तीमुथियुस 2:5

"क्योंकि मसीह ने भी, अर्थात् अधर्मियों के लिये धर्मी ने, पापों के कारण एक बार दुख उठाया, ताकि हमें परमेश्वर के पास पहुंचाए।"
1 पतरस 3:18

"परन्तु परमेश्वर हम पर अपने प्रेम की भलाई इस रीति से प्रगट करता है, कि जब हम पापी ही थे तभी मसीह हमारे लिये मरा।"
रोमियों 5:8

भगवान ने एकमात्र रास्ता प्रदान किया है... प्रत्येक व्यक्ति को चुनाव करना होगा...

चरण 4 – हमारा प्रत्युत्तरः मसीह को स्वीकार करें

हमें यीशु मसीह पर प्रभु और उद्धारकर्ता के रूप में भरोसा करना चाहिए और व्यक्तिगत निमंत्रण द्वारा उसे स्वीकार करना चाहिए।
बाइबल कहती है:

"देख, मैं द्वार पर खड़ा हुआ खटखटाता हूँ। यदि कोई मेरा शब्द सुनकर द्वार खोलेगा, तो मैं उसके पास भीतर आकर उसके साथ

भोजन करूँगा और वह मेरे साथ।"
प्रकाशितवाक्य 3:20

"परन्तु जितनों ने उसे ग्रहण किया, उसने उन्हें परमेश्वर की सन्तान होने का अधिकार दिया, अर्थात् उन्हें उसके नाम पर विश्वास रखा।"
यूहन्ना 1:12

"यदि तू अपने मुँह से यीशु को प्रभु जानकर अंगीकार करे, और अपने मन से विश्वास करे, कि परमेश्वर ने उसे मरे हुओं में से जिलाया, तो तू निश्चय उद्धार पाएगा।"
रोमियों 10:9

क्या आप यीशु मसीह को अभी स्वीकार करेंगे?

आप मसीह को कैसे प्राप्त कर सकते हैं, यह इस प्रकार है:

अपनी ज़रूरत को स्वीकार करो। (मैं पापी हूँ।)

अपने पापों से दूर होने (पश्चाताप करने) और परमेश्वर से क्षमा मांगने के लिए तैयार रहें।
विश्वास करें कि यीशु मसीह आपके लिए क्रूस पर मरे और कब्र से उठे। प्रार्थना के माध्यम से, यीशु मसीह को आमंत्रित करें कि वे आएं और पवित्र आत्मा के माध्यम से आपके जीवन को नियंत्रित करें। (यीशु को प्रभु और उद्धारकर्ता के रूप में स्वीकार करें) हम इस तरह की प्रार्थना का सुझाव देते हैं:

"प्रिय परमेश्वर, मैं जानता हूँ कि मैं एक पापी हूँ। मैं अपने पापों से फिरना चाहता हूँ, और मैं आपसे क्षमा माँगता हूँ। मेरा मानना है कि यीशु मसीह आपका पुत्र है। मेरा मानना है कि वह मेरे पापों के लिए मरा और आपने उसे जीवन दिया। मैं चाहता हूँ कि वह मेरे दिल में आए और मेरे जीवन को नियंत्रित करे। मैं यीशु पर अपने उद्धारकर्ता के रूप में भरोसा करना चाहता हूँ और आज से आगे उसे अपने प्रभु के रूप में मानना चाहता हूँ। यीशु के नाम में, आमीन।"

क्या आपने यीशु मसीह को स्वीकार करने और उसके साथ रिश्ता शुरू करने के लिए प्रार्थना की?

हाँ, मैंने प्रार्थना की

नहीं, लेकिन मेरे पास प्रश्न हैं

अधिक स्पष्टता के लिए अगले चरण पर जाएँ

उद्धार की कहानी – उद्धार की प्रार्थना – उद्धार की प्रार्थना – परमेश्वर के साथ हमारी पहली वास्तविक बातचीत

"मुक्ति की प्रार्थना" सबसे महत्वपूर्ण प्रार्थना है जो हम कभी भी करेंगे। जब हम ईसाई बनने के लिए तैयार होते हैं, तो हम परमेश्वर के साथ अपनी पहली वास्तविक बातचीत करने के लिए तैयार होते हैं, और ये इसके घटक हैं:

- हम स्वीकार करते हैं कि यीशु मसीह परमेश्वर है; कि वह पृथ्वी पर मनुष्य के रूप में आया ताकि वह पाप रहित जीवन जिए जिसे हम नहीं जी सकते; कि वह हमारे स्थान पर मरा, ताकि हमें वह दण्ड न भुगतना पड़े जिसके हम पात्र हैं।
- हम अपने पिछले पापमय जीवन को स्वीकार करते हैं - अपने लिए जीना और परमेश्वर की आज्ञा का पालन न करना।
- हम स्वीकार करते हैं कि हम यीशु मसीह पर अपने उद्धारकर्ता और प्रभु के रूप में भरोसा करने के लिए तैयार हैं।
- हम यीशु से प्रार्थना करते हैं कि वह हमारे हृदय में आये, वहाँ निवास करे, और हमारे द्वारा जीवन जीना आरम्भ करे।

उद्धार की प्रार्थना – यह ईश्वर में विश्वास से शुरू होती है

जब हम उद्धार की प्रार्थना करते हैं, तो हम परमेश्वर को यह बता रहे होते हैं कि हम मानते हैं कि उसका वचन सत्य है। उसने हमें जो विश्वास दिया है, उसके द्वारा हम उस पर विश्वास करना चुनते हैं। बाइबल हमें बताती है कि " *विश्वास के बिना उसे प्रसन्न करना असंभव है, क्योंकि जो परमेश्वर के पास आता है, उसे विश्वास करना चाहिए कि वह है, और वह उन लोगों को प्रतिफल देता है जो परिश्रम से उसके खोजते हैं*" (इब्रानियों 11:6)।

इसलिए, जब हम प्रार्थना करते हैं, परमेश्वर से उद्धार का उपहार माँगते हैं, तो हम अपनी स्वतंत्र इच्छा का प्रयोग करके यह स्वीकार करते हैं कि हम उस पर विश्वास करते हैं। विश्वास का यह प्रदर्शन परमेश्वर को प्रसन्न करता है, क्योंकि हमने उसे जानने का स्वतंत्र रूप से चुनाव किया है।

उद्धार की प्रार्थना – अपने पापों को स्वीकार करना

जब हम उद्धार की प्रार्थना करते हैं, तो हम स्वीकार करते हैं कि हमने पाप किया है। जैसा कि बाइबल सभी के बारे में कहती है, केवल मसीह को छोड़कर: " *क्योंकि सब ने पाप किया है और परमेश्वर की महिमा से रहित हैं*" (रोमियों 3:23)।

पाप करना बस लक्ष्य से चूक जाना है, जैसे कि तीर निशाने पर ठीक से नहीं लगता। परमेश्वर की महिमा जिससे हम चूक जाते हैं, वह केवल यीशु मसीह में ही पाई जाती है: " *क्योंकि परमेश्वर ही है जिसने अंधकार में से ज्योति को चमकने की आज्ञा दी, और जो हमारे हृदयों में चमका कि परमेश्वर की महिमा की पहचान की ज्योति यीशु मसीह के चेहरे से दे*" (2 कुरिन्थियों 4:6)।

उद्धार की प्रार्थना, इस प्रकार, यह स्वीकार करती है कि यीशु मसीह ही एकमात्र मनुष्य है जो पाप के बिना जीया। " *क्योंकि जो पाप से अज्ञात था, उसी को उसने हमारे लिये पाप ठहराया कि हम उसमें होकर परमेश्वर की धार्मिकता बन जाएँ*" (2 कुरिन्थियों 5:21)।

उद्धार की प्रार्थना – मसीह को उद्धारकर्ता और प्रभु के रूप में मानना

मसीह को अपनी पूर्णता का मानक मानकर, हम अब प्रेरित यूहन्ना के साथ सहमत होते हुए, उनमें ईश्वर के रूप में विश्वास को स्वीकार कर रहे हैं कि: " *आदि में वचन (मसीह) था, और वचन परमेश्वर के साथ था, और वचन परमेश्वर था। वह आदि में परमेश्वर के साथ था। सब कुछ उसी के द्वारा उत्पन्न हुआ,*

और जो कुछ उत्पन्न हुआ है, उसमें से कुछ भी उसके बिना उत्पन्न नहीं हुआ" (यूहन्ना 1:1-3)।

क्योंकि परमेश्वर केवल एक परिपूर्ण, पाप रहित बलिदान को स्वीकार कर सकता था, और क्योंकि वह जानता था कि हम संभवतः ऐसा नहीं कर सकते, इसलिए उसने अपने पुत्र को हमारे लिए मरने और अनन्त मूल्य चुकाने के लिए भेजा। " *क्योंकि परमेश्वर ने जगत से ऐसा प्रेम रखा कि उसने अपना एकलौता पुत्र दे दिया, ताकि जो कोई उस पर विश्वास करे, वह नाश न हो, परन्तु अनन्त जीवन पाए।*" (यूहन्ना 3:16)।

उद्धार की प्रार्थना – इसे अभी कहो और इसका पालन करो!

क्या आप अब तक पढ़ी गई हर बात से सहमत हैं? अगर आप सहमत हैं, तो यीशु मसीह में अपना नया जीवन शुरू करने के लिए एक पल भी इंतज़ार न करें। याद रखें, यह प्रार्थना कोई जादुई नुस्खा नहीं है। आप बस अपने दिल की बात भगवान से कह रहे हैं। हमारे साथ यह प्रार्थना करें:

"पिता, मैं जानता हूँ कि मैंने आपके नियमों को तोड़ा है और मेरे पापों ने मुझे आपसे अलग कर दिया है। मैं सच में माफी चाहता हूँ, और अब मैं अपने पिछले पापपूर्ण जीवन से दूर होकर आपकी ओर मुड़ना चाहता हूँ। कृपया मुझे माफ़ करें, और मुझे फिर से पाप करने से बचने में मदद करें। मेरा मानना है कि आपका बेटा,

यीशु मसीह मेरे पापों के लिए मर गया, मृतकों में से पुनर्जीवित हुआ, जीवित है, और मेरी प्रार्थना सुनता है। मैं यीशु को अपने जीवन का प्रभु बनने, आज से मेरे दिल में शासन करने और राज करने के लिए आमंत्रित करता हूँ। कृपया मुझे आपकी आज्ञा मानने और अपने बाकी जीवन में आपकी इच्छा पूरी करने में मदद करने के लिए अपनी पवित्र आत्मा भेजें। यीशु के नाम में मैं प्रार्थना करता हूँ, आमीन।"

मुक्ति की प्रार्थना - मैंने प्रार्थना कर ली; अब क्या?

यदि आपने उद्धार की यह प्रार्थना सच्चे विश्वास और हृदय से की है, तो अब आप यीशु के अनुयायी हैं। यह एक तथ्य है, चाहे आप कुछ अलग महसूस करें या न करें। धार्मिक प्रणालियों ने आपको यह विश्वास दिलाया होगा कि आपको कुछ महसूस करना चाहिए - एक गर्म चमक, एक झुनझुनी, या कोई अन्य रहस्यमय अनुभव। तथ्य यह है कि, आप ऐसा कर सकते हैं या नहीं भी कर सकते हैं। यदि आपने उद्धार की प्रार्थना की है और इसे गंभीरता से लिया है, तो अब आप यीशु के अनुयायी हैं। बाइबल हमें बताती है कि आपका शाश्वत उद्धार सुरक्षित है! " *कि यदि तू अपने मुँह से प्रभु यीशु को अंगीकार करे और अपने हृदय से विश्वास करे कि परमेश्वर ने उसे मरे हुओं में से जिलाया है, तो तू निश्चय उद्धार पाएगा*" (रोमियों 10:9)।

परमेश्वर के परिवार में आपका स्वागत है! हम आपको प्रोत्साहित करते हैं कि आप अभी एक स्थानीय चर्च खोजें जहाँ

आप बपतिस्मा ले सकें और परमेश्वर के वचन, बाइबल के माध्यम से उसके ज्ञान में बढ़ सकें।

आप हमारी साइट www.otakada.org पर भी जा सकते हैं जो आपको मसीह में विकसित होने और बढ़ने में मदद करेगी

यीशु को स्वयं खोजने के लिए डिस्कवरी बाइबल अध्ययन में इस लिंक का उपयोग करें https://www.otakada.org/dbs-dmm/

40-दिवसीय शिष्यत्व यात्रा

https://www.otakada.org/get-free-40-days-online-discipleship-course-in-a-journey-with-jesus/ के माध्यम से अपनी गति से 40-दिवसीय यात्रा ऑनलाइन शुरू कर सकते हैं।

info@otakada.org पर ईमेल भेजें

प्रभु आपके जीवन को विस्तृत करें और आपको आनंद, शांति, प्रेम और सद्भाव से भर दें जो केवल वही दे सकता है, आमीन

आपके लिए प्रश्न!

आज साझा की गई जानकारी, क्या यह आपको समझ में आती है? यदि हाँ, तो आगे की जानकारी दें।
आगे बढ़ते हुए, आप क्या अलग करेंगे? तुरंत शुरू करने की प्रतिबद्धता लें!

यदि आपके पास अनुवर्ती प्रश्न हैं, तो बेझिझक हमें लिखें, कॉल करें या चैट करें क्योंकि हमें विश्वास है कि परमेश्वर की आत्मा आपकी कल्पना से परे उत्तर देगी। हम आपको वह सब करने के लिए तैयार करने के लिए यहाँ हैं जो परमेश्वर ने आपको बनने और यीशु के नाम पर करने के लिए बुलाया है

शालोम!

जकारियास गॉडसीगल ; राजदूत मंडे ओ. ओगबे और कम्फर्ट लाडी ओगबे
गॉड्स ईगल मिनिस्ट्रीज GEM
https://www.otakada.org
ambassador@otakada.org

लेखकों द्वारा प्रकाशित अन्य पुस्तकें

जकारियास गॉडसीगल

Prayer: The Mightiest Force in World : Mobilizing 10 million Intercessors for the NATIONS Kindle Edition

by Frank C. Laubach (Author), Zacharias Godseagle (Author) Format: **Kindle Edition**

4.7 ★★★★☆ 5 ratings See all formats and editions

About the book - Prayer: The Mightiest Force in World - Mobilizing 10 million Intercessors for the NATIONS

Discover the transformative power of prayer in —***"Prayer: The Mightiest Force in the World - Mobilizing 10 million Intercessors for the NATIONS,"*** a compelling Christian nonfiction work urging readers to mobilize a movement of 10 million intercessors. This book, authored by **Frank C. Laubach and Zacharias Godseagle** emphasizes that prayer is a mighty force capable of changing lives, nations, and the world at large.

It challenges individuals to pray boldly and consistently for leaders, communities, and personal breakthrough, highlighting historical examples and testimonials of prayer's impact. With action plans, reflection questions, and journaling sections for individuals

https://www.amazon.com/Prayer-Mightiest-Mobilizing-million-Intercessors-ebook/dp/B0DYJYVKHT

राजदूत मंडे ओ. ओगबे

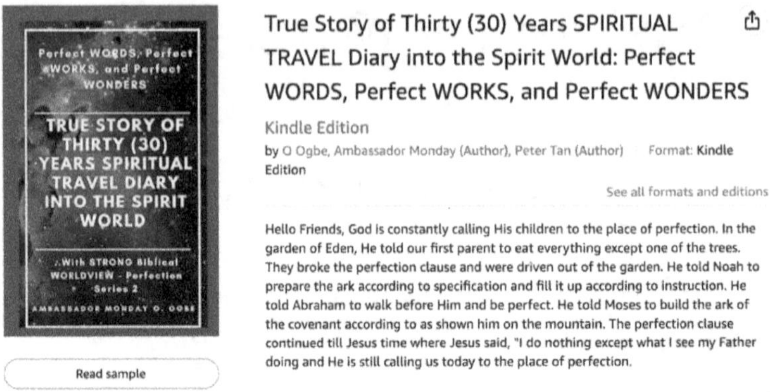

https://www.amazon.com/Story-Thirty-SPIRITUAL-TRAVEL-Spirit-ebook/dp/B0C7YRVSWG

पूरी सूची

https://www.amazon.com/s?k=Ambassador+Monday+O.+Ogbe&ref=nb_sb_noss

लेखक पृष्ठ - https://www.amazon.com/stores/Ambassador-Monday-O.-Ogbe/author/B07MSBPFNX

आराम लाडी ओगबे अमांडा डैनियल के रूप में

Safeguarding Innocence: A Guide to Protecting Children from Predators Kindle Edition

by Amanda Daniel (Author) Format: Kindle Edition

5.0 ★★★★★ 5 ratings See all formats and editions

In a world where children's safety is a growing concern, Safeguarding Innocence serves as a crucial resource for parents and guardians. This comprehensive guide highlights the importance of awareness and proactive measures to protect children from various threats. It emphasizes open communication, education on safe boundaries, and online safety to equip kids with the tools they need to navigate potential dangers. The book also explores how to respond effectively to suspicious behaviors, the role of legislation, and the significance of community engagement. With sections dedicated to personal stories of resilience and strategies for fostering healthy relationships, this guide empowers caregivers to cultivate a safer environment. Combining practical advice with inspiring narratives, Safeguarding Innocence aims to create a united front against child predation, ensuring that both parents and children can thrive in a secure world.

https://www.amazon.com/Safeguarding-Innocence-Protecting-Children-Predators-ebook/dp/B0DJ5J31CW

https://www.amazon.com/s?k=Amanda+Daniel&crid=2ZF6MSTQ7W4Q0

www.ingramcontent.com/pod-product-compliance
Lightning Source LLC
LaVergne TN
LVHW010931051026
849532LV00003B/939